Schriften
des
Vereins für Sozialpolitik.

Deutsche Zahlungsbilanz und Stabilisierungsfrage.

Im Auftrage des Vereins
veranstaltet von
Karl Diehl und Felix Somary.

166. Band.

Herausgegeben von Franz Eulenburg.

Erster Teil.
Notenbankpolitik und staatliche Anleihepolitik
in den österreich-ungarischen Nachfolgestaaten.

Verlag von Duncker & Humblot.
München und Leipzig 1924.

Notenbankpolitik und staatliche Anleihepolitik

in den

österreich-ungarischen Nachfolgestaaten.

Von

Friedrich Steiner.

Verlag von Duncker & Humblot.
München und Leipzig 1924.

Alle Rechte vorbehalten.

Altenburg
Pierersche Hofbuchdruckerei
Stephan Geibel & Co.

Notenbankpolitik und staatliche Anleihepolitik in den Nachfolgestaaten Österreich-Ungarns.

Von

Dr. jur. **Friedrich Steiner,**
Direktor der österreichischen Zentral-Bodenkreditbank, Wien.

Inhalt.

		Seite
I.	Die ehemalige Österreichisch-ungarische Bank	3
II.	Ihr Schicksal nach dem Kriege	7
III.	Notenbankpolitik der Nachfolgestaaten	9
IV.	a) Tschechoslowakei	11
V.	Ihre Anleihepolitik	27
VI.	Die übrigen Staaten	35
VII.	b) Jugoslawien	38
VIII.	c) Polen	46
IX.	d) Österreich	56
X.	e) Ungarn	73

Tabellen.

Tabelle			Seite
Tabelle	I.	Ausweis der Österreichisch-ungarischen Bank	6
„	II.	Ausweis des Bankamtes des Finanzministeriums in Prag	26
„	III.	Ausweis der Nationalbank des Königreiches SHS	44
„	IV.	Ausweis der polnischen Landesdarlehenskasse	52
„	V.	Ausweis der Österreich-ungarischen Bank, österreichische Geschäftsführung	66
„	VI.	Ausweis der österreichischen Nationalbank	67
„	VII.	Ausweis des ungarischen staatlichen Noteninstituts	78

I.

Trägerin des Notenbankprivilegiums im alten Österreich-Ungarn war bekanntlich die Österreichisch-ungarische Bank, die nach Einführung der dualistischen Staatsverfassung im Jahre 1867 an die Stelle der alten Österreichischen Nationalbank getreten ist.

Die Zeit von 1867—1910 bedeutete eine Periode kräftigen wirtschaftlichen Aufschwunges für Österreich-Ungarn, und die Notenbank konnte sich, die Impulse dieses Aufschwunges klug benützend, unter den Noteninstituten Europas eine geachtete Stellung erringen. Ihre Aufgabe war trotzdem nicht leicht, zumal in diese Zeit die Einführung der Goldwährung fiel. Diese Goldwährung ist von der Theorie als sogenannte „hinkende Goldwährung" bezeichnet worden, weil zwar ihre Basis, die Krone, in eine fixe Relation zu Gold gesetzt war (1 kg = 3280 Kronen), die Einlösungspflicht der Bank hinsichtlich der von ihr ausgegebenen Kronennoten aber suspendiert war. Art. 83 der Bankstatuten besagt:

> „Die Österreichisch-ungarische Bank ist verpflichtet, die von ihr ausgegebenen Noten bei ihren Hauptanstalten in Wien und Budapest sofort auf Verlangen gegen gesetzliches Metallgeld einzulösen."

und die Verletzung dieser Bestimmung zieht nach Absatz 2 des gleichen Artikels den Verlust des Notenprivilegs nach sich. Allein diese Einlösungspflicht ist nach Art. 11 so lange suspendiert, bis die beiden Staaten auf Grund eines diesbezüglichen Antrages der Bank die Aufhebung der Suspension verfügen. Aus dieser Gesetzesbestimmung ergibt sich ein weitgehendes Recht der Initiative der Österreichisch-ungarischen Bank hinsichtlich der Aufnahme der Barzahlungen. In Wirklichkeit ist die Frage der Aufnahme der Barzahlungen jedoch immer ein Politikum gewesen. Die eine Reichshälfte — Österreich — wünschte, die andere Reichshälfte — Ungarn — fürchtete sie vermöge ihrer geringeren wirtschaftlichen Potenz, welche ein Abströmen von Gold nach Österreich und dem Auslande erwarten ließ. Bei dem starken politischen Einfluß

Ungarns ist es begreiflich, daß dieser Schönheitsfehler der Goldwährung niemals saniert wurde, trotzdem die Voraussetzungen hierzu in den letzten Jahren vor Kriegsbeginn zweifellos gegeben gewesen wären.

Die Österreichisch-ungarische Bank leitete zwar Gold in den Verkehr, aber das Vertrauen zu der Stabilität des Papiergeldes brachte es mit sich, daß das ausgegebene Gold alsbald zur Österreichisch-ungarischen Bank zurückfloß, so daß der Goldbestand leicht gesichert werden konnte. Diesen Vertrauensbeweis der Bevölkerung dürfte die Notenbank als Erfolg ihrer Geschäftsführung buchen, und sie verdankte ihn der Tatsache, daß sie mit Beginn des letzten Jahrfünftes des abgelaufenen Jahrhunderts durch kluge Benützung der wirtschaftlichen Verhältnisse ihren Einfluß auf den österreichischen Devisenmarkt in einer Weise auszubauen begonnen hatte, die letzten Endes einer nahezu monopolistischen Beherrschung des Marktes in Österreich gleichkam. Sie vermochte zu Zeiten starken Angebotes ausländische Devisen in ihre Kassen zu lenken und konnte sodann in Zeiten starker Nachfrage den Devisenbedarf Österreichs ohne große Opfer befriedigen. Diese Erfolge veranlaßten die Regierungen, gelegentlich einer teilweisen Neuredaktion des Bankstatutes, der Notenbank die Pflege des Devisengeschäftes als Regulator der Währung geradezu zur Pflicht zu machen. (Art. 1, Abs. 3: „Die Österreichisch-ungarische Bank ist verpflichtet, mit allen ihr zu Gebote stehenden Mitteln dafür zu sorgen, daß der im Kurse der ausländischen Wechsel zum Ausdruck gelangende Wert ihrer Noten entsprechend der Parität des gesetzlichen Münzfußes der Kronenwährung dauernd gesichert bleibt.") Damit ist im Grunde im Geschäftskreise der Bank an Stelle der Goldpolitik, die vorübergehende Kursschwankungen durch Aufnahme oder Abgabe von Gold ausgleicht, die Devisenpolitik getreten, und es ist bekannt, daß durch dieses Surrogat der Zweck, die Stabilisierung der österreichisch-ungarischen Währung auf dem Goldpunkte, nahezu vollkommen erreicht wurde.

Das Verhältnis der Notenbank zum Kreditbedarf des Staates ist in völlig einwandfreier Weise geordnet gewesen und bietet zu währungspolitischen Rekriminationen kaum einen Anlaß.

Art. 53 der Bankstatuten bestimmt zwar zunächst, daß Wechsel, welche von der österreichischen und ungarischen Finanzverwaltung eingereicht werden, auf Grund eines diesbezüglichen Sitzungsbeschlusses des Generalrates statutengemäß (Art. 60) eskomptiert werden dürfen; doch ist hierbei zweifellos nicht an reine Finanzwechsel oder Schatzscheine des Staates gedacht; vielmehr besagt der Hinweis auf die diesbezügliche Statutenbestimmung des Art. 60, daß es sich um Kommerzwechsel staatlicher Unternehmungen, wie des Tabakgefälles, welche auf nicht länger als drei Monate lauten, handelt. Überdies verbietet der letzte Absatz des angezogenen Art. 60 der Bankstatuten ausdrücklich die Eingehung von Geschäften mit der Staatsverwaltung, insofern hiermit eine Darlehens- oder Kreditgewährung an den Staat verbunden ist.

Dagegen ist es der Österreichisch-ungarischen Bank gestattet gewesen, kommissionsweise Geschäfte für Rechnung der Staatsverwaltung zu machen, wobei die letztere den sich aus solchen Geschäften zu ihren Lasten ergebenden Saldo nach Ablauf eines Monates, spätestens bis zum siebenten Tage des folgenden Monates, zu decken verpflichtet war. Im übrigen war die Bank nur zur Übernahme von Geld für die beiden Finanzverwaltungen und zur Leistung von Zahlungen bis zu dem übernommenen Betrage, also im wesentlichen zur Leistung von staatlichen Inkassodiensten ohne Anspruch auf Kommission verpflichtet.

Man kann sagen, daß diese Bestimmungen theoretisch vollkommen genügten, um Inflationserscheinungen abzuwehren, ja, daß darüber hinaus ein nackensteifer Generalrat auch auf die kommerzielle Gestion der Staatsbetriebe soweit Einfluß nehmen konnte, um dort eine seriöse finanzielle Gebahrung zu erzielen. Das Elementarereignis des Weltkrieges hat aber mit einem Schlage die mit Vorsicht und weiser Behutsamkeit gezogenen Schranken übersprungen, und schon am 4. August 1914 erging eine kaiserliche Verordnung mit Gesetzeskraft, worin die Regierung „im Hinblick auf die allgemeine Mobilisierung und auf die durch den Kriegszustand verursachten Verhältnisse" ermächtigt wurde, „außerordentliche Maßnahmen hinsichtlich der Geschäftsführung der Österreichisch-ungarischen Bank zu treffen und zu diesem Zwecke auch von den Bankstatuten abweichende Bestimmungen in Wirksamkeit zu setzen". Das hieß natürlich schrankenloser Staatskredit und schrankenlose Inflation und war der Anfang vom Ende der österreichischen Krone! Der letzte Notenbankausweis vor dem Kriege, gegenübergestellt dem ersten Notenbankausweis nach Beendigung des Krieges, zeigt die angerichteten Verwüstungen. (Tabelle I.)

Tabelle I.
Österreichisch-ungarische Bank.

	Stand am	
	23. Juli 1914	31. Okt. 1918
Aktiva:		
Metallschatz:		
Goldmünzen der Kronenwährung, dann Gold in Barren, in ausländischen und Handelsmünzen, das Kilo fein zu K 3278 gerechnet	1 237 878 750,23	267 711 599,20
Goldwechsel auf auswärtige Plätze und ausländische Noten	60 000 000,—	17 764 636,86
Silberkurrant- und Teilmünzen	291 368 322,39	57 240 996,54
Summe des Metallschatzes:	1 589 247 072,62	342 717 232,60
Kassenscheine der Kriegsdarlehenskassen	—	130 988 750,—
Eskontierte Wechsel, Warrants und Effekten	767 830 517,82	2 812 483 881,49
Darlehen gegen Handpfand	186 525 600,—	4 734 854 800,—
Staatsverwaltung der im Reichsrate vertretenen Königreiche und Länder	60 000 000,—	60 000 000,—
Darlehensschuld der k. k. Staatsverwaltung auf Grund besonderer Vereinbarungen	—	20 034 000 000,—
Darlehensschuld der k. ungar. Staatsverwaltung auf Grund besonderer Vereinbarungen	—	6 998 000 000,—
Effekten	17 617 691,03	56 583 868,17
Hypothekardarlehen	299 994 062,34	280 358 275,88
Andere Aktiva	115 292 520,62	4 341 682 141,16
Summe der Aktiva:	3 036 507 464,43	39 791 668 949,30
Passiva:		
Aktienkapital	210 000 000,—	210 000 000,—
Reservefonds	32 159 903,13	42 190 269,39
Banknotenumlauf	2 129 759 250,—	31 483 231 122,—
Giroguthaben und sonstige sofort fällige Verbindlichkeiten	291 270 109,97	3 362 314 257,24
Pfandbriefe im Umlaufe	291 267 800,—	274 771 200,—
Sonstige Passiva	82 050 401,33	4 419 162 100,67
Summe der Passiva:	3 036 507 464,43	39 791 668 949,30

Die Stabilität der Währung Österreich-Ungarns ruhte zum Großteil auf der endlich erreichten Stabilität des Budgets; zumindest war das Defizit als chronische Erscheinung verschwunden. Damit war auch die Kreditfähigkeit Österreichs im In- und Auslande wiederhergestellt, und es konnte die 4,5 %ige österreichische Rente sich um die Jahrhundertwende andauernd über dem Parikurse halten. Diese Gelegenheit wurde zu einer, natürlich freiwilligen, Konversion großen Stils auf 4,2 % ausgenützt, die mit vollem Erfolge durchgeführt werden konnte. Die ausländischen Märkte standen vorübergehend dem österreichischen Kreditbedarfe im allgemeinen willig offen, soweit nicht politische Gründe einzelne Plätze, wie Paris, zur Zurückhaltung zwangen.

Diese hoffnungsvolle Entwicklung wurde indes schon in den letzten Jahren vor Ausbruch des Krieges unterbrochen, da die politischen Ereignisse im Osten Europas Grund genug gaben, die weitere Entwicklung Österreich-Ungarns mit Sorge zu verfolgen.

II.

Die nach dem Zusammenbruch der Monarchie entstandenen Nachfolgestaaten mußten sich zunächst damit abfinden, daß die Österreichisch-ungarische Bank auf ihrem Territorium die Funktion als Zettelbank weiter ausübte, mit einziger Ausnahme Italiens, das sich sofort die neuerworbenen Gebiete währungspolitisch angliederte. Mit der Nationalisierung der Währung war aber auch zwangsläufig die Errichtung eigener Zettelbanken verbunden, nachdem die, allerdings nur da und dort geäußerten Gedanken einer Währungs- und Münzunion allseitige Ablehnung gefunden hatten. Für die Passiven der neuen Zettelbanken war der Grundstock in den zu übernehmenden Noten der Österreichisch-ungarischen Bank vorhanden, die man ja nicht wertlos werden lassen konnte. Aber die Bedeckungsfrage bildete ein schwieriges Problem. Über Edelmetall verfügten die neuen Staaten nicht oder nicht in genügendem Ausmaße; an die Anschaffung größerer Summen Edelmetall war nicht zu denken. So verfielen die Sukzessionsstaaten auf eine Lösung, die in dem Art. 206 des Friedensvertrages ihren Niederschlag gefunden hat. Art. 206 verfügt zunächst, daß die Sukzessionsstaaten die auf ihrem Territorium umlaufenden Noten der Österreichisch-ungarischen Bank abzustempeln und durch neues eigenes Geld zu ersetzen haben. Dadurch werden die Sukzessionsstaaten, die die Noten eingezogen haben, zu Inhabern der alten Noten der Österreichisch-ungarischen Bank und erwerben als solche gemäß Punkt 9 des angezogenen Artikels „ein gleiches Recht auf das Aktivum der Bank". Diese in ihrer Allgemeinheit vollkommen verfehlte und geradezu groteske Bestimmung bot den Sukzessionsstaaten die Aussicht auf einen Anteil am Goldschatz der Österreichisch-ungarischen Bank und den sonstigen recht wertvollen Aktiven, wie Gebäude usw.

In der Praxis hat sich jedoch Art. 206, ebenso wie andere Bestimmnungen des Friedensvertrages, als völlig unbrauchbar erwiesen. Nach seinem strengen Wortlaut haftet ausschließlich den **Notenbesitzern** das Gesamtaktivum der Bank, während alle anderen Gläubiger der Österreichisch-ungarischen Bank hätten leer ausgehen müssen. Nun hat die Österreichisch-ungarische Bank ja nicht nur Notengläubiger, sondern sie hat auch Giroeinleger und Gläubiger aus Kassenscheinen und hat vor allem sehr erhebliche Valutaschulden im In- und Auslande. Insbesondere hat sie seinerzeit die Haftung für die Rückzahlung eines von der altösterreichischen Regierung in Holland aufgenommenen Kredites übernommen, von der natürlich im Hinblick auf den Zusammenbruch der Monarchie seitens der holländischen Gläubiger Gebrauch gemacht wurde[1]). Das starre Festhalten an dem Wortlaut des Art. 206 hätte zur Folge haben müssen, daß die Bank sofort ihre Zahlungsunfähigkeit erklärt; denn wenn die Gesamtaktiven zugunsten bevorrechteter Gläubiger aus einer Masse ausgeschieden werden, dann bleibt nichts als Konkurs, der überdies in diesem Falle, mangels jedweden Vermögens des Gemeinschuldners, armutshalber abzutun gewesen wäre. Unter diesen Umständen ist schon gelegentlich der Rückzahlung des holländischen Darlehens eine Kompromißlösung gefunden worden, nach welcher ein Teil der Aktiven zur Bezahlung der — übrigens reduzierten — Schulden der holländischen Gruppe zu verwenden ist, und es ist auch weiterhin, wenn auch die Nationalstaaten bei Gelegenheit aus verhandlungstaktischen Gründen immer wieder auf den Wortlaut des berüchtigten Art. 206 hinwiesen, noch manche Kompromißlösung gefunden worden, die den Anspruch der Nationalstaaten als Notenbesitzer und privilegierte Gläubiger zumindest stark beeinträchtigt; allerdings hinsichtlich des wertvollsten Aktivums haben sie zum Teil ihren Standpunkt durchzusetzen verstanden und gegen Übernahme der kommerziellen Aktiva und Passiva die Verteilung des Goldschatzes erreicht, trotzdem die österreichisch-ungarische Regierung hinsichtlich ihres Goldschatzes auf dem gewiß einwandfreien Standpunkt stand, daß der Goldschatz ein Vermögen der ehemaligen österreichischen Monarchie darstellt, das auf ihrem Territorium gelegen ist und kraft des in den bezüglichen Bestimmungen des Friedensvertrages (Art. 208 und 191) maßgebenden Territorialprinzips ihr zu-

---

[1]) Siehe hierzu Walter Federn: „Der Österreichische Volkswirt", 13. Jahrgang, Seite 263 ff.

zufallen hätte¹). Nachdem aber, wie immer, die Macht der übrigen Sukzessionsstaaten stärker war als das gute Recht Österreichs, mußte sich Österreich in diesem Falle mit einem seinen Interessen sehr nachteiligen Kompromiß zufrieden geben.

Die hier kurz dargestellte Entwicklung eilt allerdings den Tatsachen, wie sie sich bei den ersten tastenden Versuchen der Nationalstaaten auf dem Gebiete der Notenbankpolitik abgespielt haben, erheblich voraus. Da aber feststeht, daß die Sukzessionsstaaten auf die Redaktion der finanziellen Bestimmungen des Friedensvertrages weitgehenden Einfluß nahmen, so läßt sich aus dem Art. 206 leicht auf die Tendenz schließen, den neuen nationalen Noteninstituten zu einer Art pseudometallischer Bedeckung ihrer Noten zu verhelfen. Die aus den Notenausweisen der Nationalstaaten ursprünglich ersichtliche Tatsache der Bedeckung des Bank- oder Staatsnotenumlaufes durch eingezogene, ihrer Zahlkraft im Innern entkleidete Noten der Österreichisch-ungarischen Bank ist nur in diesem Zusammenhange und im Hinblick auf die den Notenbesitzern im Art. 206 des Friedensvertrages von St. Germain zugebilligten Rechte verständlich.

Die Bedeckung durch eingezogene Noten der Österreichisch-ungarischen Bank war zunächst bei den meisten Sukzessionsstaaten die primäre; weiterhin war der Umlauf zunächst nur kommerziell (bankmäßig) bedeckt. Hierbei ist zunächst nur der durch die Einziehung der Kronennoten entstandenen Lage Rechnung getragen. Die jugoslawische Zettelbank verfügte daneben natürlich über die ihren Dinaremissionen entsprechende mehr oder minder zulängliche Deckung, und Polen hatte bei Errichtung des Staates die Deckung für die von der Landesdarlehenskasse ausgegebenen Noten in der Haftung des Deutschen Reiches.

III.

Bei Betrachtung der Notenbankpolitik der Sukzessionsstaaten Österreich-Ungarns muß man sich vor Augen halten, daß dieselbe nur zum Teile mit modernem kritischen Maßstab zu messen ist. Es fehlten auf dem Boden der Sukzessionsstaaten vielfach die Voraussetzungen der Kreditwirtschaft, es fehlt die jahrhundertalte Tradition des volkswirtschaftlichen Denkens, und es fehlt die kritische Resonanz der ein-

---

¹) Vgl. Aktensammlung der österreichischen Regierung, betreffend die Verhandlungen über die namens der Republik Österreich erhobenen Rechtsansprüche auf den Goldschatz der Österreichisch-ungarischen Bank.

schlägigen Regierungsverfügungen. Man kann an die Bankpolitik Serbiens zum Beispiel nicht die gleichen Ansprüche stellen, die man mit Recht an England und an die Bank of England zu stellen gewöhnt ist. Vielfach bedeutet der durch den Ausgang des Krieges bedingte Zuwachs an Gebieten, die an wirtschaftlicher Kraft das Mutterland übertreffen, für die neuen Staaten erst den Eintritt in die Kreditwirtschaft und damit die Notwendigkeit der Bewältigung finanzpolitischer Fragen, die dem Mutterlande bis nun mehr oder weniger fremd geblieben waren.

Der Begriff Notenbankpolitik deckt zweierlei Erscheinungsformen der Währungspolitik: 1. die Richtlinien für die Maßnahmen des Staates hinsichtlich der Errichtung und Geschäftsführung der Notenbank; 2. die von der Notenbank selbst eingeschlagenen Wege zur Verfolgung der ihr durch staatliche Maßnahmen zugewiesenen Aufgaben. Zu der ersten Gruppe von notenbankpolitischen Fragen gehören: die Frage „staatliches Noteninstitut" oder „private Aktienbank", die Frage des Umfanges und der Art der Metall- und bankmäßigen Deckung, grundsätzliche Fragen der Organisation und des staatlichen Einflusses auf die Geschäftsführung usw.; im gegenwärtigen Stadium wohl auch die Frage nach Wiederaufnahme der suspendierten Barzahlungen und die Frage eventueller Refundierung von Staatskrediten. Die zweite Gruppe von Fragen ist etwa durch die drei wichtigsten Probleme: „Zinsfußpolitik", „Goldpolitik", (Goldankauf oder Versendung) und „Devisenpolitik" zu umgrenzen.

Bei der Erörterung der Notenbankpolitik der Sukzessionsstaaten handelt es sich primär um die Schilderung und Kritik des Vorganges der Staaten bei der Errichtung von Zettelbanken und der staatlichen Beeinflussung ihrer Geschäftsführung, während die Notenbankpolitik im engeren Sinne an Wichtigkeit an zweiter Stelle steht. Man hat gesehen, daß, wenn einmal der Geldwert unter einen gewissen Punkt gesunken ist, normale Maßnahmen der Notenbank, also Notenbankpolitik im engeren Sinne, den Verfall kaum mehr aufhalten können. Die Erhöhung oder Herabsetzung des Zinsfußes der Notenbank — die in Ländern mit gesunder oder nur angekränkelter Valuta immer meist praktizierte Maßnahme der Notenbankpolitik — übt in Ländern mit stark entwerteter Valuta fast gar keinen Einfluß mehr aus, weil die Wirkungen einer solchen (Erhöhung des Angebotes oder der Nachfrage der Devisen) durch andere der Inflation imanente Momente nahezu vollkommen aufgehoben werden. Da es sich nun bei den Nachfolgestaaten nahezu durchweg um schwachvalutarische Länder handelt, können die Ergebnisse der Notenbankpolitik im engeren Sinne vorderhand nur dürftig sein.

Wir werden also zu untersuchen haben, welche Maßnahmen jeder der Nachfolgestaaten zur Errichtung der Notenbank in Angriff genommen hat oder in Angriff zu nehmen gedenkt, und dann erst feststellen, in welcher Weise die einzelnen Noteninstitute ihrer Aufgabe gerecht zu werden trachten. Quasi als Probe auf das Exempel wird sich dann zeigen, inwieweit die Notenbankpolitik im Zusammenhang mit den sonstigen währungspolitischen Maßnahmen jedes einzelnen Staates geeignet waren, seinen Kredit im In- und Auslande zu fundieren. Hierbei darf nicht übersehen werden, daß der Staatskredit Österreich-Ungarns durch den Kriegsausgang selbst mit dem Wegfall des kreditnehmenden Subjektes vollkommen verfallen war, und daß jeder der neu gegründeten Staaten erst seine Fähigkeit, Träger von Kredit zu sein, erweisen mußte.

Zunächst verlegte daher der nach Kriegsende eingetretene Währungsverfall und die Unmöglichkeit, demselben durch die normalen Mittel der Notenpolitik und Steuerpolitik beizukommen, den Weg zur Beschaffung von Anleihen in normalem Sinne. Es ist daher begreiflich, daß nach Abschluß des Krieges die ehemals österreichischen Sukzessionsstaaten zum größten Teile auf die Notenpresse als Geldbeschaffungsquelle angewiesen waren. Erst nach und nach begannen sie sich den normalen Geldbeschaffungsquellen zuzuwenden.

IV.

Die Tschechoslowakei war neben Polen der einzige Sukzessionsstaat, der auf seinem Boden nicht das Fundament für die Organisation eines Zentralnoteninstitutes vorfand. Österreich hatte die Österreichisch-ungarische Bank als Zettelbank zur Verfügung, Ungarn hatte in der Hauptanstalt Budapest der Österreichisch-ungarischen Bank immerhin ein leicht ausbaufähiges Organ für die Übernahme dieser Funktion, Jugoslawien konnte leicht Anschluß an die serbische, die rumänischen und italienischen neuen Provinzen an die rumänische bzw. italienische Zettelbank finden. Es blieb daher der Tschechoslowakei unmittelbar nach dem Zusammenbruch zunächst nichts anderes übrig, als sich mit der Österreichisch-ungarischen Bank als zentralem Noteninstitut abzufinden. Die Regierung ließ allerdings von vornherein keine Zweifel daran bestehen, daß dieser Zustand nur als Provisorium gelten könne. Sie beschränkte sich, ebenso wie die jugoslawische Regierung, zunächst auf die Forderung, daß die Prager Zweigstelle der Österreichisch-ungarischen Bank zu einer Hauptanstalt — also analog den in Wien und Budapest bestehenden Anstalten — ausgebaut werde. Diesem Verlangen wurde seitens der Österreichisch-ungarischen Bank prompt entsprochen; doch konnte sich diese Maßnahme schon wegen der Kürze der Dauer des auf ihr basierten Rechtszustandes nicht voll auswirken. Ist schon die Konstruktion der Österreichisch-ungarischen Bank, die statutengemäß (Art. 2, Abs. 1 des Statutes) ihren Sitz in Wien hat, daneben aber zwei Hauptanstalten in Wien und Budapest unterhält, eine künstliche und nur aus den politischen Verhältnissen erklärliche gewesen, die ängstlich auf die Einhaltung des dualistischen Formelkrams bedacht war, so ist wenigstens im ursprünglichen Statut der Österreichisch-ungarischen Bank dieser Dualismus bis zu einem gewissen Grade zu Ende gedacht gewesen. Den zwei Hauptanstalten (Art. 2, Abs. 2) entsprechen die beiden Vizegouverneure, von denen je einer österreichischer und ungarischer Staatsbürger ist (Art. 26), ferner die beiden in Wien und Budapest bestehenden Direktionen (Art. 40 ff.). Diese Direktionen stellen die eigentliche Geschäftsleitung in den beiden Ländern dar und werden aus je einem Vizegouverneur und den sechs der betreffenden Nationalität angehörenden Generalräten gebildet. Den Direktionen „steht das ausschließliche Recht zu, den Bankkredit im Eskompte- und Darlehensgeschäfte in dem betreffenden Staatsgebiete zu bemessen", und sie setzen zu diesem Zwecke „die Grenze fest, bis zu welcher der Bankkredit in jedem dieser beiden Geschäftszweige von den einzelnen Firmen und Personen benutzt werden kann" (Art. 40, Abs. 2). Es ist aber weder zur Ernennung eines tschechoslowakischen Vizegouverneurs noch zur Bildung der gedachten Direktion in Prag gekommen; offenbar kam es der Regierung nur darauf an, einerseits die Politik der Österreichisch-ungarischen Bank zu kontrollieren bzw. zu beeinflussen, andererseits die Führung des Eskompte- und Darlehensgeschäftes der auf ihrem Staat gelegenen Filialen der Österreichisch-ungarischen Bank nach ihrem Gutdünken lenken zu können — wohl auch, wie sich später zeigte, darauf, die internen Vorbereitungen zur seinerzeitigen Übernahme der Bankfilialen ungestört treffen zu können.

Mittlerweile wurden in größter Heimlichkeit die Maßnahmen

zur Errichtung eines selbständigen Noteninstitutes getroffen. Die Öffentlichkeit war auf die Verselbständigung der Währung durchaus eingestellt und befaßte sich intensiv mit allen Fragen der Notenbank= politik, wobei besonders breiten Raum in der Diskussion die Frage „Staatsbank" oder „Privatbank" einnahm. Man konnte annehmen, daß durch den Ausgang des Krieges und durch die vernichtenden Folgen der staatlichen Eingriffe in die Geschäftsführung der Notenbanken diese alte Streitfrage endgültig zugunsten der privaten Notenbank gelöst er= schien. Das war aber nun keineswegs allenthalben so. In kritischen Zeiten ist das staatliche Noteninstitut ein gefügiges und vernichtendes Werkzeug in den Händen der Staatsverwaltung. Es hat nicht die Macht, aus sich heraus die vom Staate zur Führung des Haushaltes dringend benötigten Mittel zu verweigern und ihn auf den Weg der Einnahmenerhöhung durch Steuern, eventuell auf verzinsliche Anleihen zu verweisen, um so weniger, als zu Kriegszeiten die Macht des Staates eine außerordentlich erhöhte ist und dringende Existenzfragen des Staates auf dem Spiele stehen. Der Finanzminister, in dessen Brust zwei Seelen wohnen, pflegt, wenn er nicht von einer sehr ge= schulten öffentlichen Meinung nach der anderen Seite gedrängt wird, in solchen Zeiten erfahrungsgemäß immer den kurzen Weg zur Bank dem langen und mühseligen Weg der Steuererhebung und Anleihe= werbung vorzuziehen, wenn überhaupt der Markt für Anleihen auf= nahmefähig ist. Außerdem untergraben Staatsnoten allenthalben den Staatskredit bei den auf das Institut der privaten Notenbank ein= geschworenen großen westlichen Staaten.

Auf der anderen Seite birgt ein privates Noteninstitut die Gefahr der Hintansetzung der Staatsinteressen in wichtigen Belangen in sich. In den wichtigsten Geschäftszweigen, dem Eskompte= und Darlehens= geschäft der Notenbank kollidieren nur allzuoft staatliche Interessen mit den privaten; eine Erhöhung oder Herabsetzung des Diskonts greift, trotzdem diese Maßnahme nach den allgemein wirtschaftlichen Verhält= nissen konkretenfalls vollkommen begründet sein mag, immer emp= findlich in private Interessen ein.

Ebenso besteht die Gefahr, daß eine private mit dem Notenbank= monopol ausgestattete Bank gerade im Kriege oder in kritischen Zeiten die Gesamtpolitik des Staates aufs schwerste in einem der Regierung entgegengesetzten Sinne beeinflußt, ja geradezu militärische Maß= nahmen vollkommen durchkreuzt. Auch ist die ungeheure Gewinnst=

chance eines Notenmonopols, die einer Privatgesellschaft auf dem Rücken des gesamten Staates geboten wird, ohne entsprechende Kautelen nicht leicht zu rechtfertigen.

Neben diesen aus der Literatur nur allzu bekannten Erwägungen kamen neue durch die besondere Lage des tschechoslowakischen Staates bedingte hinzu: dem Staate fehlte vor allem die währungstechnische Basis für eine Notenbank; die Bedeckung der Noten, der allerdings erheblich eingeschrumpfte Goldschatz und der Devisenvorrat der Österreichisch-ungarischen Bank lagen in Wien; weder Gold noch Silber gab es im Lande selbst in nennenswertem Ausmaße, mochte auch der bescheidene Goldbergbau des Landes (bei Eulau im Böhmen), der jahrhundertelang stillgelegt gewesen war, wieder aufgenommen werden. An den Ankauf von Gold und Silber war angesichts der Lage der Finanzen des jungen Staates um so weniger zu denken, als er zunächst mit einer nicht unbeträchtlichen Schuld an Golddevisen beladen, ins Leben getreten war. (Bekanntlich hatten Amerika, England und Frankreich die tschechoslowakischen Legionäre während des Krieges ausgerüstet und erhalten, und es war zu erwarten, daß sie ihre Rechnung nach Errichtung des Staates präsentieren werden.)

Diese Erwägungen ließen zunächst die Frage der metallischen Bedeckung der neuen Währung in den Hintergrund treten und drängten auf Schaffung einer reinen Papierwährung.

Die Reform des Finanzministers Rašin, die mit einem Schlage den ganzen Komplex der tschechoslowakischen Währungsfrage löste, hat auch die Notenbankfrage zu einer allerdings nur vorläufigen Lösung gebracht, die indes schon den Keim der definitiven Lösung in sich trägt.

Den Grundstein der Reform bildete bekanntlich das Gesetz vom 25. Februar 1919, Slg. Ges. u. Vdg. Nr. 84, welches die Stempelung und Nationalisierung der gesamten im Staatsgebiete befindlichen Noten und gleichzeitig die vorläufige Zurückbehaltung der Hälfte aller umlaufenden Noten sowie die Auferlegung einer Vermögensabgabe anordnete. Der Staat behielt sich das Recht vor, die abgestempelten Noten durch neue, und zwar durch Staatsnoten zu ersetzen. Die nichtabgestempelten Noten verlieren den Zwangskurs. Der Österreichisch-ungarischen Bank wird die weitere Vermehrung der Girokonti verboten (§ 3, leg. cit.). Damit ist das Notenprivileg der Österreichisch-ungarischen Bank auf dem Gebiete des tschechoslowakischen Staates abgetan, wogegen die Österreichisch-ungarische Bank, hier, wie in allen anderen Staaten, einen, allerdings wirkungslosen Protest einlegte. Die zurückbehaltenen Banknoten werden als 1 %ige Staatsanleihe in die Verwaltung des Staates übernommen. Im Rechtsverhältnis der Österreichisch-ungarischen Bank zu den von ihr ausgegebenen Banknoten tritt jedoch durch diese Regelung keine Änderung ein. Der Staat behält sich aber das Recht vor, die aus den Noten fließenden Ansprüche gegenüber der Österreichisch-ungarischen Bank ausschließlich geltend zu machen (§ 4, Ges. v. 10. April 1919, Slg. Ges. u. Vdg. Nr. 187). Die besondere Bedeutung dieser Bestimmung ist bei Erörterung des Art. 206 des Friedensvertrages auseinandergesetzt worden. Notenbankpolitisch ergibt sich hieraus einerseits, daß die später ausgegebenen Staatsnoten ihre Deckung in der Forderung des Staates gegen die Österreichisch-ungarische Bank besitzen. Anderseits charakterisiert sich die Zurückbehaltung von 50 % der abgestempelten Banknoten durchaus als Zwangsanleihe ohne Änderung des Geldwertes. Die Theorie hat vielfach diese Tatsache nicht voll gewürdigt, insbesondere hat Bendixen (Bankarchiv Jahrg. XIX, S. 163 ff.) in dieser Maßnahme eine Devalvation gesehen, obgleich er (a. a. O.) ausdrücklich die Devalvation „als Herabsetzung des Nennwertes von Geldzeichen" definiert und zur Begründung seiner Ansicht nur anführt, es wäre gleichgültig, ob man einen Hundertkronenschein durch Aufdruck zu einem Fünfzigkronenschein erklärt oder von zwei Fünfzigkronenscheinen einen zurückgibt und den anderen einzieht. Diese Ansicht wäre richtig, wenn die eingezogenen Noten ohne Gegenleistung den Banknotenbesitzern wirklich entzogen worden wären. Dies ist jedoch keineswegs der Fall. Denn einerseits wurden die über die Einziehung ausgegebenen Titres wenn auch nur mit 1 % verzinst, anderseits verzeichnet das Budget die zurückbehaltenen Noten als Staatsschuld wie jede andere. Auch der Bankausweis berücksichtigt sie einerseits bei Berechnung der Forderung gegenüber der Österreichisch-ungarischen Bank, anderseits unter den Passiven als „zurückbehaltene Banknoten", so daß sie als Deckung für den Notenumlauf dienen. Außerdem war der Zweck der Maßnahme nicht nur ein währungspolitischer (vorübergehende gewaltsame Einschränkung des Notenumlaufes), sondern auch ein eminent fiskalischer, indem die zurückbehaltenen Noten als Deckung für die von den Besitzern zu zahlende Vermögensabgabe zu dienen hatten. Im Laufe der Zeit wurden denn auch 85 % der zurückbehaltenen Einlagen sukzessive wieder in Umlauf gesetzt, und die Titres über die restlichen

15 % konnten nun zur Zahlung der Vermögensabgabe verwendet werden. Es kann demnach nicht daran gezweifelt werden, daß es sich hier um eine, wenn auch niedrig verzinsliche Zwangsanleihe und nicht um eine Devalvation handelt, wenn auch Bendixen mit Rücksicht auf den teilweise währungspolitischen Charakter der Auflegung der Zwangsanleihe insoweit teilweise beizustimmen ist, als er diese Maßnahme, von einer äußerst rohen Auffassung der Quantitätstheorie eingegeben, kritisiert.

In der Frage: Private Notenbank oder Staatsbank? hat sich die Republik zu einer durch ihre besonderen Verhältnisse bedingten Kompromißlösung entschlossen. Die Verordnung vom 6. März 1919, Slg. Ges. u. Vdg. Nr. 119, ermächtigte zur Verwaltung der 1%igen Staatsanleihe und der übernommenen Girokonti und Kassenscheine der Österreichisch-ungarischen Bank den Finanzminister zur Errichtung eines „Bankamtes", welches die Funktionen einer Zettelbank zu besorgen hat, und welchem zu diesem Zweck alle Gebäude und Einrichtungen der vom Staat in Anspruch genommenen Hauptanstalt und Filialen der Österreichisch-ungarischen Bank überantwortet wurden. Daraus erfloß das Gesetz vom 10. April 1919, Slg. Ges. u. Vgd. Nr. 187, welches zunächst konsequenterweise das Recht, im Gebiete des Staates Zahlungsmittel auszugeben und Münzen zu prägen, allerdings nur bis auf weitere gesetzliche Anordnung, ausschließlich dem Staate zuweist (§ 1, leg. cit.) und das Bankamt nicht nur mit der Verwaltung der 1%igen Zwangsanleihe, sondern auch mit der Verwaltung der durch die Ausgabe von Staatsnoten entstandenen Staatsschuld befaßt. Kurz darauf wird mit der Verordnung vom 15. Mai 1919, Slg. Nr. 246, die Organisation dieses Bankamtes und sein Statut in allen Details geregelt; ein Jahr später jedoch erfließt das Gesetz vom 14. April 1920, Slg. Ges. u. Vdg. Nr. 347 über die Errichtung der Aktienzettelbank, worin sich der Staat für die Zukunft auf das Prinzip der privaten Notenbank festlegt. Trotzdem dieses Gesetz alle Detailbestimmungen für das Statut der in Zukunft zu errichtenden Zettelbank enthält, ist es dennoch insoweit nur als ein Rahmengesetz anzusehen, als es den Zeitpunkt der Errichtung der Zettelbank ebenso offen läßt wie die Frage der künftigen Währungseinheit. „Die Grundlage für die Ausgabe der Banknoten wird die durch das erst zu schaffende Währungsgesetz bestimmte Währungseinheit bilden" (§ 3, leg. cit.). Als Zweck des Gesetzes wird die Notwendigkeit bezeichnet, „dem Staate rechtzeitig die weiteren Mittel zur allmählichen Regelung der Währung beizustellen". Zu diesem Zwecke wird die Regierung ermächtigt, „nach Vorkehrung der geeigneten vorbereitenden Maßnahmen in dem Zeitpunkte, in dem die wirtschaftlichen Voraussetzungen hierzu gegeben sein werden, eine Aktienzettelbank zu errichten" (§ 2, leg. cit.). Der Zweck dieser etwas absonderlichen Regelung kann offenbar nur in dem lebhaften Bestreben der tschechoslowakischen Regierung gefunden werden, bei ihren konsequenten Bemühungen um eine allen strengen Erfordernissen der Finanzwissenschaft angepaßte Währungspolitik auch in der Frage der Zettelbank nach außen hin deutlich zu machen, daß die von der modernen Theorie und Praxis bekämpfte innige Verbindung des Staates mit der Zettelbank von ihr nur als provisorische Maßnahme gedacht sei und einer moderneren Lösung in dem Moment weichen wird, wo die Stabilisierung des Geldwertes eine definitive Lösung der Währungsfrage ermöglicht. Daß dem so ist, ergibt sich aus den Darlegungen des Vaters dieser Reform, Rašin, in jüngster Zeit, da durch das plötzliche Steigen der tschechoslowakischen Krone die Stabilisierung in den Bereich der Möglichkeit gerückt ist. Für diesen Zeitpunkt kündigt Rašin, dessen Einfluß im Prager Finanzministerium den aller jeweiligen Finanzminister weit überragte, auch das praktische Inkrafttreten des obzitierten Währungsgesetzes vom 14. April 1920 an.

Der Motivenbericht zu diesem Gesetze deutet auch kaum an, warum die Regierung sich veranlaßt fand, den äußeren Rahmen für die Zettelbank in einem Zeitpunkte zu schaffen, in dem die Gründung derselben noch keineswegs in Sicht war. Dagegen spricht er sehr einsichtig über die wirtschaftlichen Voraussetzungen für das faktische Inslebentreten der neuen Bank. Diese werden gegeben sein, wenn durch das Einfließen der Vermögensabgabe ein Teil der ungedeckten Staatsnoten aus dem Verkehr gezogen sein wird. Die Verminderung des Umlaufes wird zwar nicht ganz dem Erträgnis der Vermögensabgabe entsprechen, weil die einzelnen Wirtschaftsobjekte sich doch einen Teil der ihnen entzogenen Barmittel im Kreditwege werden beschaffen müssen. Aber die auf diese Weise ausgegebenen Noten werden voll bankmäßig gedeckt sein. Der verminderte Umlauf und die solide Deckung der Noten werden ein Steigen des Kurses der Währung bis zu dem Punkte bewirken, der dem wahren Werte des Zahlungsmittels eines in seiner Zahlungsbilanz aktiven Landes entspricht. Das wird dann der Zeitpunkt für die Errichtung der Zettelbank sein.

Übrigens hat schon das mit Verordnung vom 15. Mai 1919, Slg. Nr. 246 publizierte Statut des Bankamtes in seinen wesentlichen Punkten den strengsten Anforderungen, die vom Standpunkte der Unabhängigkeit des Noteninstitutes vom Staate aus an ein solches gestellt werden können, entsprochen und geht in diesem Punkte zum Teil über die Bestimmungen der Statuten der privaten Zettelbanken in den anderen Sukzessionsstaaten hinaus.

Zunächst hat das Gesetz vom 10. April 1919 die Grenzen des Staatsnotenumlaufs in durchaus einwandfreier Weise festgesetzt. § 10 leg. cit. besagt, daß der Staatsnotenumlauf nicht höher sein darf als die Summe der ursprünglich abgestempelten (und mittlerweile durch Staatsnoten ersetzten) Banknoten zuzüglich der Hälfte der Beträge, welche als Kassenscheine und Girokonten gelegentlich der Finanzreform von der Österreichisch-ungarischen Bank übernommen worden sind, und der seinerzeit nicht abgestempelten Zwei- und Ein-Kronen-Noten. Erhöht sich dieser Umlauf, so muß für den erhöhten Umlauf die volle privatrechtliche (bankmäßige) Deckung vorhanden sein. Die strenge Einhaltung dieser Bestimmungen spiegeln die wöchentlichen Ausweise des Noteninstitutes wieder, die unter den Aktiven die Forderung gegen die Österreichisch-ungarische Bank, getrennt nach gestempelten Noten einerseits, Girosaldi- und Kassenscheinen andererseits, neben der sonstigen bankmäßigen Deckung anführen, in den Passiven dagegen die noch aus der Abstempelung sowie bei späterem Austausch oder Aufkauf erworbenen Noten. Die Summe der um die eingezogenen oder später eingetauschten Noten verminderten Banknoten zuzüglich der eskomptierten Wechsel und Wertpapiere, des Lombardes, der Devisen und des Edelmetallvorrates bildet den zulässigen Notenumlauf, der seit Beginn der Tätigkeit des Bankamtes ständig mehr oder minder hinter der zulässigen Notenmenge zurückbleibt.

Das Statut des Bankamtes regelt ferner in völlig einwandfreier Weise die Frage der Kreditgewährung an den Staat in offenbarer Anlehnung an Art. 55 der Statuten der Österreichisch-ungarischen Bank, ja, es verschärft noch die dort getroffenen Vorsichtsmaßnahmen. § 37 des Statutes verbietet nämlich jede direkte oder indirekte Kreditgewährung an den Staat und untersagt noch besonders die Gewährung von Lombardkrediten an den Staat gegen Verpfändung von Staatspapieren. Es stellt in dieser Hinsicht den Staat jedem anderen privaten Aktienunternehmen gleich, dem gegen Wertpapiere eigener Emission kein Lombarddarlehen gewährt werden darf. Ebenso beschränkt es den Eskompte von Wechseln des Staates in Erläuterung der nicht ganz klar textierten Bestimmungen des Art. 55 des Statutes der Österreichisch-ungarischen Bank (siehe oben) auf Zoll, Steuer und ähnliche Wechsel, sofern diese Wechsel vermöge ihrer sonstigen Ausstattung (dreimonatige Laufzeit usw. § 32) eskomptefähig sind. Die Spezialbestimmung des § 34, wonach die durch Ausgabe von Kassenscheinen erzielten Teilbeträge nicht zu staatlichen Ausgaben verwendet werden dürfen, soll den durch den Charakter des Bankamtes als staatliche Anstalt ermöglichten Mißbrauch dieser Form der Geldbeschaffung verhindern. Im übrigen ermächtigt das Statut das Bankamt zur Pflege aller landläufigen Geschäfte einer Notenbank. Das Bankamt pflegt demnach das Lombard- und Eskomptegeschäft, übernimmt Einlagen auf Girokonti und gegen Kassenscheine, besorgt das Inkasso von Wechseln, Schecks, Anweisungen usw., von Kupons und Talons, den kommissionsweisen Ein- und Verkauf von Wertpapieren und Münzen und ist während der Dauer des gebundenen Devisenhandels mit den Funktionen einer Devisenzentrale betraut.

Die Organisation des Bankamtes ist einfach und ähnelt der einer privaten Zettelbank durchaus. Träger des ganzen Geschäftes ist der Bankausschuß, an dessen Spitze der Finanzminister bzw. der von ihm ernannte Vizepräsident steht. Er stellt die Richtlinien für die Geschäftsführung auf, setzt die Bedingungen für die Führung der einzelnen Geschäftszweige, insbesondere die Höhe des Eskompte- und Lombardzinsfußes, jeweils fest und bedient sich zur unmittelbaren Führung der Geschäfte der Direktion mit dem Oberdirektor an der Spitze. Der Bankausschuß fungiert gleichzeitig als Beirat des Finanzministers in allen Fragen der Währungspolitik und wird insbesondere berufen sein, bei Errichtung der Zettelbank im tschechoslowakischen Staate mitzuwirken. Er hat auch das Recht zur Vorlage von Initiativanträgen an den Minister in allen, seinen Geschäftskreis betreffenden Fragen.

Eingehender sind die organisatorischen Bestimmungen des Währungsgesetzes vom 14. April 1920, Slg. Nr. 347, über die Errichtung der Zettelbank (der Name Tschechoslowakische Nationalbank ist bereits gesetzlich festgelegt [§ 53, leg. cit.]), die offenbar der Solennität wegen in die Form eines Gesetzes gegossen sind und mit Ausnahme der grundlegenden, mit der Währungseinheit zusammenhängenden Fragen alle notwendigen Normen eines Zettelbankstatutes enthalten. Besonders hebt das Gesetz die Tatsache hervor, daß die Statuten nur wieder durch ein Gesetz abgeändert werden können (§ 4). Ähnlich wie das Statut der Österreichisch=ungarischen Bank, überträgt das Gesetz der mit einem Aktienkapital von 75 Millionen Währungseinheiten zu gründenden Zettelbank neben der Sorge für den Umlauf der Zahlungsmittel, für die Befriedigung des Kreditbedarfes von Handel, Industrie und Land= wirtschaft auch die Sorge um die Erhaltung des Kurses der künftigen Währungseinheit auf den ausländischen Märkten in der durch Gesetz festzustellenden Höhe (§ 5; vgl. Art. 1 Abs. 3 des Statutes der Öster= reichisch=ungarischen Bank). Die Erteilung des ausschließlichen Noten= privilegs in § 9 des Gesetzes beinhaltet das Abgehen von dem da und dort noch bestehenden Prinzip einer Mehrheit von Notenbanken. Auch der Staat verzichtet während der Dauer des Privilegs auf das Recht der Ausgabe von Staatsnoten bzw. auf die Erhöhung des im Zeit= punkte der Errichtung der Bank bestehenden Notenumlaufes. Ebenso verzichtet er darauf, nach Einziehung von Staatsnoten neue Noten aus= zugeben. Damit soll dem im alten Österreich besonders während der sechziger Jahre des 19. Jahrhunderts immer wieder geübten, durch fort= während Kriege bedingten Abusus des Nebeneinanderlaufens von Bank= und Staatsnoten ein Riegel vorgeschoben werden. Ob allerdings diese strengen Grundsätze auch im Ernstfalle, das heißt im Falle des unab= weislichen staatlichen Geldbedarfes werden aufrechterhalten werden, muß erst die Zukunft des Staates zeigen. Immerhin kann hervorgehoben werden, daß er bereits einmal, gelegentlich der ersten von ihm verfügten Mobilisierung, ohne eine einzige Note unbedeckt auszugeben, ausge= kommen ist.

Die im Statut des Bankamtes naturgemäß offen gelassene Frage der Metalldeckung ist hier wenigstens nach der einen Seite hin gelöst. Während nämlich das Gesetz bewußt die Frage, ob Gold= oder Silber= währung, umgeht, die natürlich im Zusammenhang mit der Frage der Währungseinheit steht, setzt es merkwürdigerweise im § 26 für die in Umlauf zu setzenden Banknoten schon die 35 %ige Metalldeckung fest, während das Statut der Österreichisch=ungarischen Bank bekanntlich Zweifünfteldeckung der Noten vorschrieb. Nach der Fassung des § 28 kann allerdings kaum ein Zweifel bestehen, daß das Gesetz nur an die Goldwährung denkt, nachdem es nur Gold und in Gold einlösliche Devisen, also offenbar nur Anweisungen auf Länder, in denen die Gold= einlösungspflicht der Notenbank nicht suspendiert ist, Golddevisen über=

dies nur bis zur Höhe des eingezahlten Aktienkapitals voll in die Metalldeckung einrechnet, während Silber nur bis zur Höhe von 50 Millionen, und Scheidemünzen aus Silber nur bis zur Höhe von 25 Millionen Währungseinheiten akzeptiert werden. Die handelsmäßige Deckung (§ 121) besteht in den landläufigen Werten (Eskompte, Lombard usw.).

In die Banknotensteuer, die 4,8 % beträgt (gegenüber 5 % im alten Österreich), gerät die Zettelbank bei einem die Metalldeckung um 500 Millionen Währungseinheiten im ersten Halbjahre, um 600 Millionen im zweiten Halbjahre übersteigenden Banknotenumlauf.

Die Zettelbank fungiert als Staatskasse und muß über Verlangen des Staates einen Teil der ihr zur Verwaltung übergebenen Gebarungsüberschüsse des Staates in Staatspapieren anlegen, etwaige Gewinne aus der Veräußerung von Staatspapieren fallen a priori das heißt vor Feststellung des Anteiles des Staates am Reingewinn, dem Staate zu. Für den Fall des Erlöschens des Privilegiums erscheinen die Aktionäre keineswegs übermäßig günstig gestellt. Sie erhalten nämlich, wenn der Staat, wozu er sich das Recht vorbehält, das Geschäft der Zettelbank übernimmt, ein 10 %iges Agio auf ihre Aktien nebst der Hälfte des Reservefonds. Von seiten der Anhänger des staatlichen Noteninstitutes[1]) wurden übrigens auch diese Konzessionen an die Aktionäre als zu weitgehend kritisiert.

Interessant ist die Bestimmung, wonach die Zettelbank ihre aus dem Devisenhandel erzielten Gewinne dazu verwenden darf, um bei einem Disagio der Währung Gold auch zu dem durch das Disagio erhöhten Preise anzukaufen.

Der Staat, der mit 33 % an der Zettelbank beteiligt ist (§ 44), diesen Aktienbesitz weder veräußern noch sonst übertragen darf (§ 59), übermittelt der Zettelbank seine angesammelten Vorräte an Edelmetall und Devisen, bewertet nach der gesetzlichen Parität; doch trifft das Gesetz Vorsorge, daß die auf diese Weise dem Staate zukommenden Banknoten nicht inflationistisch wirken, indem dieselben ausschließlich zur Deckung der seinerzeit für den Ankauf von Valuten, Devisen und Edelmetall ausgelegten Summen, ferner zur Rückzahlung der aufgenommenen inneren Valutaanleihe (siehe unten) und zur Deckung der Kosten der seinerzeitigen Währungsreform Verwendung finden dürfen.

---

[1]) Zum Beispiel Horáček in Obzor nárohospodářský, Märzheft 1920 „Berichte aus den neuen Staaten", Jahrgang 1920, Seite 518.

Der Geschäftsumfang der Zettelbank wird im § 121 ff. des Gesetzes in gleicher Weise festgesetzt wie der des Bankamtes, wobei vorgesehen ist, daß die Höhe der Lombarddarlehen die Summe des Wechselportefeuilles nicht übersteigt. Im entgegengesetzten Falle muß der Lombardzinsfuß mindestens um $1^1/_2$ % höher sein als der Eskomptezinsfuß. Die Tendenz, die handelsmäßige Deckung des Notenumlaufes in höherem Grade auf den Kommerzwechsel, der weit sicherer die Elemente der Kurzfristigkeit in sich trägt als der Lombardkredit, zu basieren, ist durchaus zu billigen. Der Motivenbericht begründet diese Maßnahme überdies richtigerweise mit den ungünstigen Folgen, welche die ausgedehnte Lombardierung von Kriegsanleihen für die Österreichisch-ungarische Bank und auch für die Kriegsanleihezeichner im Gefolge gehabt hat. Daß diese übrigens schon vom Bankamt verfolgte Politik die Herstellung des gewünschten Verhältnisses angesichts des Verschwindens des reinen Kommerzwechsels bis nun nicht zur Folge hatte, ergibt sich aus den Bankausweisen.

Die die Kreditgewährung an den Staat einschränkenden Bestimmungen decken sich vollkommen mit den oben besprochenen Statuten des Bankamtes.

Vollkommen neu im Statut einer Zettelbank ist die Bestimmung des § 33, wonach die Bank eine Evidenz der im ganzen Staate in Anspruch genommenen Handelskredite zu schaffen haben wird und zu diesem Zwecke von jedermann Belege und Berichte einfordern kann. Obwohl die Bestrebungen zur Schaffung von zentralen Kreditüberwachungsstellen schon vor dem Kriege eingesetzt haben, und nicht geleugnet werden soll, daß die Inanspruchnahme von Kredit bei mehreren Stellen für Gläubiger und Schuldner Unzukömmlichkeiten schwerer Art im Gefolge haben kann, so ist doch zu sagen, daß das Noteninstitut schon vermöge des starken staatlichen Einflusses kaum der geeignete Träger einer solchen Schutzorganisation sein kann. Das Bankgeheimnis ist eine viel zu ernste Sache, als daß es zum Zwecke der Durchführung von Polizeimaßnahmen dem Noteninstitut ohne die schärfsten Kautelen preisgegeben werden darf, und man wird gut tun, etwa notwendige Maßnahmen den privaten Kreditinstituten selbst zu überlassen, zumal sich die letzteren in weit weniger bedenklicher Weise vor Überspannung des Kredites ihrer Kundschaft zu sichern verstehen. Die Zettelbank möge sich mit der rigorosen Prüfung der Bonität ihrer eigenen Schuldner durch Wechselzensur usw. begnügen! Geht sie darüber hinaus, und maßt sie sich eine allgemeine Kreditzensur an, so mutet sie sich eine Aufgabe zu, der sie einerseits nicht gewachsen sein kann, bei deren Lösung sie aber andererseits das ganze Wirtschaftsleben bureaukratisieren müßte. Daß sich ein lebendiger Organismus eine solche Bevormundung nicht dauernd gefallen läßt, dafür bieten die Erfahrungen der Kriegswirtschaft genügend Anhaltspunkte.

Die übrigen organisatorischen Bestimmungen über die Leitung der Bank, die Stellung des Gouverneurs des Bankamtes und der Generalversammlung können als typisch hier ebenso übergangen werden wie die weiteren Bestimmungen über die Rechnungslegung und die wöchentliche Ausweispflicht, welche den Bestimmungen des Bankamtstatutes analog sind. Der Reingewinn der Bank fällt bis zu 4 % den Aktionären zu, der nach einer 10 %igen Dotierung des Reservefonds sodann noch erübrigende Betrag wird bis zu einer Dividende von 6 % zwischen Staat und Aktionär hälftig, soweit die Dividenden 6 % übersteigen nach dem Verhältnis von 3 : 1 geteilt.

Zeigt das Notenbankgesetz die Wege, welche die Notenbankpolitik des tschechoslowakischen Staates in Zukunft zu gehen gesonnen ist, so kann heute gesagt werden, daß der tschechoslowakische Staat mit dem immerhin unvollkommenen Instrument des Bankamtes in wesentlichen Punkten eine konsequente und richtige Politik betrieben hat. Zunächst muß man sich vor Augen halten, welche Schwierigkeiten dem Quantitätstheoretiker Rašin bei der Durchführung des von ihm gewählten Prinzips, keine neuen Noten ohne Deckung, besonders am Anfang, erwachsen sind. Galt es doch in allen mitteleuropäischen Staaten geradezu als Dogma, daß die Schwierigkeiten der Nachkriegszeit nur durch eine, wenn auch vorübergehende Inanspruchnahme der Notenpresse zu überwinden sind. Zunächst zeigte sich im Gefolge der Inanspruchnahme von 50 % aller Banknoten eine beängstigende Geldknappheit, die noch dadurch verschärft wurde, daß die Währung des ununterbrochen fallende Tendenz zeigte. Während zur Zeit der Notenabstempelung die gemeinsame österreichische Krone in Zürich weit über 20 notierte, sank die tschechoslowakische Krone sukzessive bis auf 5 Centimes. Obgleich dieses Sinken des Geldwertes das überindustrialisierte Land in die Notwendigkeit versetzte, Rohstoffe aus dem Auslande um den vierfachen Preis zu beziehen, mußte mit dem bisherigen Notenumlauf das Auslangen gefunden werden. Nicht geringer waren die Schwierigkeiten, die sich ergaben, als endlich die Währung zu steigen begann; denn in demselben Maße wuchsen die Schwierigkeiten des Exportes in die Nachbarstaaten, deren Währungen sämtlich entgegengesetzt tendierten. Mit den landläufigen Mitteln der Diskontpolitik war da nicht oder wenigstens nicht viel zu helfen. Denn in der Zeit der fallenden Tendenz der Valuta konnten schon angesichts der Abkehr des valutastarken Auslandes von den ungeregelten wirtschaftlichen Verhältnissen Mitteleuropas die Wirkungen einer Eskompterhöhung, die normalerweise in einer Verteuerung des Kredites, einer Anlockung fremden Kapitals und damit einer Verbilligung der Devisenpreise bestehen sollen, nicht zur Geltung kommen, zumal die ziffernmäßigen Wirkungen des Valutasturzes viel stärker waren als die möglichen Auswirkungen einer Diskonterhöhung. Welchen Kapitalisten wird die Anlage von Geld in einem Staate reizen, in dem er zwar eine um 1 oder 2 % erhöhte Verzinsung genießen kann, in dem er aber Gefahr läuft, in einigen Wochen 50 % oder noch mehr Prozent durch das Sinken der Valuta zu verlieren?

Als dann im Jahre 1921 die tschechoslowakische Krone sich endlich im Kurse hob, und die Kurssteigerung sich im Jahre 1922 in einem so jähen Tempo fortsetzte, daß die ganzen wirtschaftlichen Fundamente des Staates ins Wanken gerieten, konnten wiederum die entgegengesetzten Maßnahmen des Bankamtes, Herabsetzung des Diskonts auf $5^{1}/_{2}$ % im August 1921 und auf 5 % im April 1922, aus den analogen Gründen nur beschränkte Wirkung haben, zumal das Bankamt selbst mit der Herabsetzung des Zinsfußes zwar eine Verbilligung des Kredites und damit der Lebenshaltung der Bevölkerung, nicht aber ernstlich eine Herabsetzung der Devisenkurse intendierte.

Dieses Versagen der Diskontpolitik eines Noteninstitutes, das auf allen sonstigen Gebieten der Devisenpolitik mit so unzweifelhaftem Erfolge tätig ist, ist jedenfalls eine außerordentlich interessante Erscheinung. Amon hat jüngst[1]) zu diesem Problem in bemerkenswerter Weise Stellung genommen und aus der Vergleichung der Ziffern des Wechselportefeuilles der Bank nach Ermäßigung der Bankrate mit dem Lombard den Schluß gezogen, daß das Noteninstitut infolge der durch den Krieg bedingten Veränderung der Zahlungsgewohnheiten (Verdrängung des Kommerzwechsels aus dem kaufmännischen Verkehr) und

---

[1]) Die Diskontopolitik des Bankamtes der tschechoslowakischen Republik und seine Stellung auf dem Geldmarkte. „Berichte aus den neuen Staaten" Seite 1134 ff., Jahrgang 1922.

infolge der Veränderungen in der Organisation des Geldmarktes, seine Stellung auf dem Geldmarkte mit den gewöhnlichen Mitteln nicht behaupten könne. Man wird jedoch diesen Schlußfolgerungen nur bedingt beipflichten können und aus der Tatsache, daß trotz Herabsetzung des Diskonts um $1/2\%$ das Wechselportefeuille der Notenbank von 842 Millionen Ende April auf 438 Millionen im Juni und 327 Millionen im Juli 1922 wohl zunächst nur den Schluß ziehen dürfen, daß die durch das rapide Steigen der Devise Prag auf allen Märkten hervorgerufenen Einflüsse doch zu stark sind, um ihre Korrektur in einer noch so aktiven Diskontpolitik finden zu können, um so mehr, als ja die Lombarddarlehen in dieser Zeit der Kurssteigerung ebenfalls, wenn auch nicht annähernd in dem Verhältnis wie das Wechselportefeuille, gesunken sind. Ob wirklich die Änderung der Organisation des Geldmarktes, das ist nach Amon das stärkere Hervortreten der kartellierten Privatbanken, die Stellung der Zettelbank auf dem Geldmarkte geschwächt hat, erscheint mir speziell in der Tschechoslowakei um so weniger sicher, als ja bekanntlich in diesem Staate die privaten Aktienbanken in besonders hohem Maße von dem Noteninstitute abhängig sind und ihm in seiner Geldpolitik blinde Gefolgschaft leisten.

Mag man aber über die Geldpolitik des Bankamtes denken, wie man will, die Tatsache bleibt bestehen, daß es durch seine Mitwirkung bei der Devisenpolitik des Staates Erfolge erzielt hat, die — in der angeschlossenen Tabelle ersichtlich — ihm jedenfalls seinen Anteil an der finanziellen Konsolidierung dieses Staates sichern.

Die vergleichsweise einander gegenübergestellten Ausweise zeigen zunächst das sukzessive Steigen der Staatsnotenschuld durch die ziemlich langsam fortschreitende Ausgabe von Staatsnoten. Dem steht jedoch gegenüber die Verminderung der umlaufenden Banknoten der Österreichisch-ungarischen Bank, die nunmehr schon längst aus dem Verkehr gezogen sind. Sie zeigen ferner das besonders im letzten Jahre bemerkenswerte Anwachsen des Edelmetall- und Devisenvorrates. Woraus diese Edelmetallvorräte im einzelnen bestehen, ist nicht mit Sicherheit festzustellen; auch die Bewertung des Edelmetalls scheint nicht nach einheitlichen Grundsätzen vorgenommen zu sein. Immerhin scheint grundsätzlich die Bewertung eine solide zu sein. Edelmetall und Devisen decken den Notenumlauf, nach dem Ausweis vom 31. August 1923, mit zirka 38%. Unter den Passiven sind die Giroguthaben in starkem Ansteigen, die Einzahlungen auf die Vermögensabgabe haben eine respektable Höhe erreicht (vgl. Tabelle II, S. 26).

Tabelle II.
Ausweis des Bankamtes des Finanzministeriums in Prag.

	Stand am				
	31. August 1919	31. August 1920	31. August 1921	31. August 1922	31. August 1923
	in Tausenden tschechoslowakischer Kronen				
Aktiva:					
Forderung gegen die Österr.-ung. Bank[1)	—	9 520 409	9 623 847	10 096 713	10 096 913
Wechselportefeuille	26 554	797 360	810 246	388 008	598 795
Eskomptierte Wertpapiere	—	—	—	90 520	1 870
Darlehen gegen Wertpapiere	425 301	2 142 149	2 399 533	1 467 275	951 152
Auslandsguthaben und Valutenvorrat	—	312 215	845 934	1 727 831	2 445 017
Ankauf von Edelmetallen[1)	—	2 808	337 609	724 952	1 060 308
Abgekaufte staatliche Valutaanleihe	—	250 000	250 000	—	—
Sonstige Aktiva	—	291 928	1 429 143	729 113	475 022
Summe der Aktiva:	451 855	13 452 251	15 696 312	15 164 412	15 629 087
Passiva:					
Bei der Abstempelung rückbehaltene Banknoten	—	2 134 149	2 134 165	2 134 218	2 134 272
Davon ab die auf Rechnung der Vermögensabgabe übergebenen Einlagsblätter	—	—	690 960	1 034 786	1 294 853
Und die von der Finanzverwaltung ausgezahlten und ihr refundierten Einlagsblätter (Finanzges.1921/22 II. Teil, 14. Kap. 5. Tit. § 10) und freigewordene Einlagen	—	—	218 000	613 000	618 000
					22 345
	—	—	1 225 205	486 432	199 179
Staatsnotenumlauf	664 991	9 814 920	11 455 175	10 171 383	9 218 475
Giroguthaben:					
a) Forderungen der Parteien			777 693	1 088 461	2 507 514
b) Zahlungen auf Rechnung der Vermögensabgabe	1 762 100	1 174 878	466 705	1 589 854	2 973 324
c) Forderungen aus gebundenen Einlagsblättern			441 010	226 365	22 992
Kassenscheine	377 325	229 674	420 000	184 117	27 221
Sonstige Passiva		125 630	910 524	1 417 800	680 487
Summe der Passiva:		13 479 251	15 696 312	15 164 412	15 629 087
Barschaft in Banknoten (bei der Abstempelung zurückbehaltene und in Einlösung gegen Staatsnoten eingezogene Banknoten)	—	7 435 990	7 539 428	8 012 294	8 012 494
Übernommene Girosaldi und Kassenscheine	—	2 084 419	2 084 419	2 084 419	2 084 419
Zulässiger Staatsnotenumlauf	—	10 291 982	11 485 655	11 337 825	12 047 788
Wirklicher Umlauf	—	9 813 920	11 455 175	10 171 383	9 218 474
Bleibt hinter der zulässigen Höchstgrenze zurück um	—	377 062	30 480	1 166 442	2 829 314

[1)] In den Ausweisen nunmehr als „Edelmetallvorrat" ausgewiesen.

V.

Die Tschechoslowakei war bemüht, den strengen Grundsätzen, die sie bezüglich der Deckung ihrer Noten aufgestellt hatte, auch bei der staatlichen Anleihepolitik zum Durchbruch zu verhelfen. Die konsequente Verfolgung der Prinzipien der Vorkriegszeit auch auf diesem Gebiete ist übrigens eine naturgemäße Folge der Abwendung von inflationistischen Experimenten. Ist einmal der Weg zur Notenbank verschlossen, dann müssen eben zur Deckung der Staatsausgaben die mühsamen Wege der Vorkriegszeit begangen werden. Mehrmals stand die Regierung vor schweren Entschließungen, da das Defizit auch hier zur chronischen Erscheinung geworden ist und der Kredit des Staates infolgedessen ein begrenzter war. Der Finanzminister Engliš mußte sich sogar vom Parlament die Ermächtigung zur provisorischen Ausgabe von 500 Millionen Noten geben lassen, die allerdings aus dem Ergebnis einer demnächst aufzulegenden Anleihe getilgt werden sollten. Der Einfluß Rašins war aber so stark, daß sein engerer Parteigenosse Engliš dieses Verbrechen wider den heiligen Geist als Finanzminister nicht überlebte.

Grundsätzlich versuchte der Staat auch auf dem Gebiete der Budgetpolitik mit dem Prinzip auszukommen, daß die ordentlichen staatlichen Ausgaben durch laufende Einnahmen, außerordentliche aber im Anleihewege zu decken sind. Indes ist es hier nicht ohne Kompromiß abgegangen. Seit dem vom Finanzminister Engliš aufgestellten Budget des Jahres 1920 ist nämlich dem Begriff der außerordentlichen Ausgaben eine wesentlich erweiterte Grundlage gegeben worden, indem auf diese Budgetpost die Bedürfnisse der zuschußbedürftigen Verkehrsinstitute, Eisenbahn, Post, Telegraph usw., verwiesen werden, zu deren Deckung dann die noch zu erörternde Zwangsinvestitionsanleihe herangezogen wurde. Es steht aber fest, daß mit den Eingängen aus dieser Anleihe nicht nur Investitionen im engeren Sinne des Wortes gedeckt wurden, sondern auch laufende Auslagen des Verkehrsdienstes, wobei eben die budgettechnisch natürlich ganz unzulässige Meinung vertreten wurde, daß ja auch die Instandhaltung der Verkehrsmittel im weiteren Sinne als Investitition anzusehen sei, nachdem die Verheerungen, die der Krieg speziell in dem Wirkungskreise der Verkehrsunternehmen angerichtet hatte, und die Unterlassung der laufenden notwendigen Ausgaben auf diesem Gebiete nunmehr die Aufwendung von Mitteln erforderte, die sonst über den Rahmen einer reinen Erhaltung der Sub=

stanz hinausgingen. Auch zur Deckung des Defizits der Brotversorgung mußte der Staat den Anleiheweg beschreiten, obwohl es sich hier um rein konsumtive Ausgaben handelt, und er verteidigte diesen Weg damit, daß es sich um einmalige nicht wiederkehrende Ausgaben handle, die bei der zu erwartenden Steigerung der heimischen Währung, welche einen billigeren Ankauf des Zuschußgetreides und Mehles ermöglichen werden, in Wegfall kommen werden.

Die Wege der tschechoslowakischen Anleihepolitik sind reichlich kompliziert, und die während des kurzen Bestandes des Staates angewendeten Mittel erschöpfen so ziemlich alle Typen, welche die Anleihepolitik eines Staates bis nun kennt.

Unmittelbar nach Errichtung des Staates wurde sofort die erste 4%ige Staatsanleihe, die sogenannte Freiheitsanleihe, aufgelegt, für die unter dem Schlagworte der neuerworbenen staatlichen Selbständigkeit die Werbetrommel kräftig gerührt wurde. Die Anleihe ist kurzfristig im Jahre 1924 al pari rückzahlbar, also ein ziemlich einfacher Typus. Der Ertrag von einer Milliarde Kronen ermöglichte dem Staate, über die ersten Schwierigkeiten hinauszukommen, bis er sich seinen Steuerapparat einigermaßen eingerichtet hatte.

Eine weitere vom Staate aufgenommene innere Anleihe verfolgt ausschließlich währungspolitische Zwecke und bildet ein Glied in der Kette der Rašinschen Reform. Mit Gesetz vom 25. Februar 1919, Slg. Nr. 88, wurde eine Staatsanleihe in Gold, Silber, in fremden Valuten und Devisen ausgeschrieben, mit dem ausdrücklichen Zweck, daß die so gewonnenen Edelmetalle und Devisenbestände zur Finanzierung der neuen Währung zu dienen haben. Die Anleihe ist mit 4% verzinslich und frühestens in vier Jahren in der Originalwährung rückzahlbar. Als besondere Begünstigung wurde festgesetzt, daß die Einlagebücher, welche auf Grund der gezeichneten Summen ausgegeben worden sind, mit dem entsprechenden Kurswert aus der Basis für die Berechnung der Vermögensabgabe auszuscheiden haben. Ebenso wurde eine Amnestie für die Übertretung der bisher geltenden Devisenbestimmungen verkündet. Das Ergebnis dieser Anleihe, die durch ein kurz nachher verfügtes Pflichtangebot für fremde Devisen an die Devisenzentrale eine wirksame Stütze erhalten sollte, wurde nie publiziert. Es ist nur bekannt geworden, daß der Staat das bei ihm angesammelte Edelmetall und Gold, das wohl zum Teile aus dieser Anleihe eingeflossen sein dürfte, dem Bankamte um 240 Millionen Kč übergeben hat.

Mit Gesetz vom 10. April 1919 ließ sich die Regierung ermächtigen, eine auswärtige kurzfristige Anleihe bis zur Höhe von 179 Millionen Dollar aufzunehmen. Davon waren 54 Millionen zum Ankauf von Lebensmitteln, 100 Millionen zur Regelung der Währung und 25 Millionen zur Beschaffung von Rohstoffen aus dem Auslande bestimmt. Ob die Regierung die erwähnten 100 Millionen in Anspruch genommen hat, ist nicht bekannt. Die für Ernährungszwecke in Anspruch genommenen Beträge scheinen konsumiert und rückgezahlt zu sein, während die restlichen 25 Millionen, welche der Industrie zur Verfügung gestellt wurden, offenbar von dieser mit großem Verlust zurückgezahlt worden sind. Jedenfalls figuriert im Staatsbudget diese Anleihe nicht mehr.

Im September 1919 wurde die sogenannte zweite Staatsanleihe aufgelegt. Es handelt sich um 4%ige Staatskassenscheine in zwei Gattungen, von denen die eine am 1. Oktober 1923 fällig werdende Spezies zum Kurse von 98, die zweite am 1. Oktober 1924 fällige mit 97,50 emittiert wurde. Die Titres sind mit 75% des Nominalwertes beim Bankamte lombardierbar. Die Anleihe hatte nach offiziellen Mitteilungen ein Ergebnis von rund 1 Milliarde Kronen. Es scheint jedoch, als ob ein Teil des von dem Prager Bankkonsortium mittlerweile erteilten Kontokorrentvorschusses in Titres der Anleihe konvertiert worden ist, so daß also der Erfolg der Anleihe besonders im Hinblick auf das Ergebnis der Freiheitsanleihe als recht mäßig bezeichnet wird. Jedenfalls hat diese Anleihe den Anleihemarkt ungünstig beeinflußt, denn während die Freiheitsanleihe an der Prager Börse im Februar 1919 zirka 109 notierte und noch im August dieses Jahres mit 105 über Pari stand, sank der Kurs bei Veröffentlichung der Anleihebedingungen sofort so erheblich, daß die amtliche Notiz eingestellt werden mußte, ein Ereignis, das die Regierung bei Festsetzung der Begebungsbedingungen natürlich voraussehen mußte.

Die nächste Station auf dem Leidensweg des staatlichen Kredites bildete die schon im Februar 1920 aufgelegte Prämienanleihe (dritte Staatsanleihe). Mit dieser beschritt der Staat zum erstenmal den Weg langfristiger Kredite. Diese Losanleihe ist $4^1/_2$%ig und innerhalb 35 Jahren (bis 1960, beginnend ab 1921) verlosbar. Für jede ausgeloste Schuldverschreibung wird ihre Nominale zuzüglich einer Prämie von ein Viertel des Nominalwertes ausgeschüttet. Die Begebung wurde zu 99 durchgeführt. Trotzdem die Ausstattung der Anleihe an sich nichts zu wünschen übrig ließ, war das Ergebnis alles eher als befriedigend: im ganzen wurden zirka 540 Millionen gezeichnet.

Der relative Mißerfolg der bisherigen Anleihen hatte im wesentlichen zwei gewichtige Gründe. Zunächst hatte die streng antiinflationistische Politik des Staates bis nun eine starke Geldknappheit im Gefolge. Speziell die zweite, aber auch die dritte Anleihe waren in Zeiten des stärksten Geldbedarfes aufgelegt worden, die eine zur Zeit der Ernte und die andere im Frühjahr, bevor noch die Landwirtschaft und die einheimische Zuckerindustrie ihre Erzeugnisse zur Gänze abgesetzt hatten. Der zweite, vielleicht ausschlaggebende Grund lag aber darin, daß sich die Deutschen dieses Staates, die ein Drittel der Bevölkerung ausmachen und die wirtschaftlich potenteste Schicht der Bevölkerung darstellen, sowohl aus allgemeinpolitischen Gründen als auch mit Rücksicht auf das starr negative Verhalten der Regierung und der tschechischen Parteien in der Frage der Einlösung der Kriegsanleihe bisher allen Anleihewerbungen des Staates gegenüber ablehnend verhalten hatten. Hierbei bilden höchstens die deutschen Bankinstitute eine Ausnahme, die, unter dem Drucke der Regierung stehend, nicht abseits bleiben konnten. Das Schädliche dieses Zustandes haben nun wohl die diversen Finanzminister eingesehen und hinter den Kulissen offenbar einen schweren Kampf mit ihren Konnationalen um die Einlösung der Kriegsanleihen geführt. Nachdem nun aber durch den Chauvinisten Rašin diese Frage zu einem Politikum ersten Ranges gestempelt worden war, konnten die diversen Finanzminister seinen Parteigenossen, die die Bureaukratie des Staates souverän beherrschen, nur bescheidene Zugeständnisse abringen, die denn auch bis nun ihren Zweck vollständig verfehlt haben.

Immerhin bedeutete die nächste, vierte Staatsanleihe einen Versuch, die Deutschen mit dem Staat wirtschaftlich auszusöhnen und ihre Kapitalskraft dem Staatskredit dienstbar zu machen, ein Versuch, der allerdings vollständig gescheitert ist. Die vierte Staatsanleihe, welche Ende August 1920 aufgelegt wurde, ist hauptsächlich zur Konversion der Kriegsanleihe bestimmt gewesen. Im Sinne des Gesetzes sollten die daneben einfließenden Barbeträge ausschließlich zur Deckung des laufenden Defizits Verwendung finden. Die Kriegsanleihebesitzer wurden in zwei Kategorien geteilt, die erste Kategorie, Sparkassen und sogenannte gemeinnützige Anstalten, erhielt für je 100 Kronen Nominale österreichisch-ungarische Kriegsanleihe und gegen eine weitere Auf=

zahlung von 75 Kč in bar 75 Kč Nominale einer 5%igen und 75 Kč Nominale einer 6%igen Anleihe, beide Typen in 45 Jahren, beginnend ab 1935, al pari verlosbar. Die Verzinsung der 5%igen Titres vermindert sich nach fünf Jahren auf $4^{1}/_{2}\%$ und nach zehn Jahren auf 4%. Die nichtbegünstigten juristischen und Einzelpersonen erhalten gegen Hingabe von 100 Kronen Nominale Kriegsanleihe und Zahlung von 75 Kč in bar 75 Kč Nominale einer $3^{1}/_{2}\%$igen ewigen nicht lombardierbaren (!) Rente und 75 Kč Nominale einer $5^{1}/_{2}\%$igen in 45 Jahren, beginnend ab 1935, verlosbaren Anleihe. Die Verzinsung dieser letztgenannten Anleihe ermäßigt sich nach 15 Jahren auf 5%. Der Zinsendienst all dieser Anleihen beginnt am 1. Januar 1921. Es ist begreiflich, daß die Deutschen des Staates, welche hauptsächlich als Kriegsanleihebesitzer in Betracht kamen, die ihnen angebotene Anleihe nicht als geeignetes Instrument zur Befriedigung ihrer legitimen Ansprüche aufgefaßt und nicht gezeichnet haben. Zunächst verfügte der Kriegsanleihebesitzer größtenteils nicht über das nötige Bargeld, um die Anleihe zu zeichnen, dann aber kann man sich bei Berücksichtigung der Kurse der übrigen tschechoslowakischen Staatsanleihen ungefähr vorstellen, welchen Wert eine $3^{1}/_{2}\%$ige nicht lombardierbare, ewige Rente besonders für denjenigen besitzt, der seine Kriegsanleihen seinerzeit unter Inanspruchnahme von 5%igem (begünstigtem [!]) Bankkredit gezeichnet hat; endlich war nach dem Wortlaute des Gesetzes von der Honorierung der seit Dezember 1918 abgereisten Kupons keine Rede. Nicht einmal der kleine Anleihezeichner wurde begünstigt, sondern die Besitzer von nicht mehr als 25 000 Kč blieben vorläufig nur von der Sanktion des Verfalls ihrer Kriegsanleihen im Falle der Nichtzeichnung verschont. Gezwungen zur Zeichnung waren natürlich teilweise die Sparkassen und gemeinnützigen Institute, die nach oben hin abhängig waren. Im übrigen hat aber die Regierung aus dem Mißerfolge dieses Versuches nie ein Hehl gemacht. Die Kriegsanleihefrage ist ein Politikum und beherrscht das politische Leben des Staates viel mehr, als es ihre finanzielle Bedeutung rechtfertigen würde. Denn selbst eine volle 100%ige Übernahme der Kriegsanleihe würde das Staatsbudget kaum mit mehr als dem Zinsendienst von 2 Milliarden belasten. Daß diese Belastung in keinem Verhältnis zu dem Gewinn stünde, den der Staat aus der Heranziehung des deutschen Kapitals für Zwecke des Staatskredites hätte, ist allerdings heute allen einsichtigen Tschechen klar.

Der Mißerfolg der vierten Staatsanleihe schreckte vorderhand von weiteren Anleiheversuchen ab, und erst nach Jahresfrist kam die nächste Staatsanleihe heraus, die den ausgesprochenen Charakter einer Zwangsanleihe hatte. Es handelt sich bei dieser um die bereits erwähnte 6 %ige Verkehrsinvestitionsanleihe, deren Erlös zur Deckung des Defizits der Verkehrsunternehmungen bestimmt war. Die Anleihe war zwangsweise von allen Nutznießern der staatlichen Verkehrsunternehmungen zu zeichnen. Die Regierung war sich durchaus bewußt, daß sie damit einen letzten von solventen Staaten im allgemeinen nicht beschreitbaren Weg gehe, und suchte im Motivenbericht zu dem einschlägigen Gesetz (Ges. v. 18. März 1921, Slg. Nr. 176) die Zwangsanleihe damit zu rechtfertigen, daß sie dieselbe nur denjenigen auferlege, die ein besonderes privatwirtschaftliches Interesse an der Ausgestaltung der Verkehrsmittel haben. Unter den gegebenen Umständen, das heißt offenbar bei der Labilität des Staatskredites, sei es jedenfalls besser, die Zeichnungspflicht den privaten Interessenten, die auch wirtschaftlich potent genug seien, aufzuerlegen, als das Defizit der staatlichen Betriebe durch die Allgemeinheit decken zu lassen. Demgegenüber wird mit Recht hervorgehoben[1]), daß die Bestimmungen der Anleihe so roh wie nur möglich gezimmert sind und im Rahmen der Nutznießer staatlicher Verkehrsunternehmungen — zu den Nutznießern des Telephons gehört der Arzt (!) — keinerlei Differenzierung nach wirtschaftlicher Leistungsfähigkeit kennen.

Die Anleihe gliedert sich in eine Telephon- und eine Eisenbahnanleihe. Nach § 4 des Gesetzes sind hinsichtlich der Telephonanleihe Besitzer selbständiger Telephone zeichnungspflichtig, wobei zwischen Gesellschaftstelephonen einerseits, ganzen Telephonanschlüssen andererseits und weiter nach Gebührenklassen hinsichtlich des Umfanges der Zeichnungspflicht (2000—12 000 Kč) unterschieden wird. Auch neu hinzutretende Telephonabonnenten müssen die Anleihe zeichnen.

Zur Zeichnung der Eisenbahnanleihe nach §§ 5 und 6 des Gesetzes sind verpflichtet Industrieunternehmungen, Kohlenschächte, Lagerhäuser usw., die durch Schleppbahnen mit Eisenbahnstationen verbunden sind, und für jeden pro 1920 verladenen Waggon mit 200 Kč in Zeichnungspflicht genommen werden. Ferner nach § 6 Absender von Bahnsendungen im Gewichte von mindestens 5000 kg oder von Sen-

---

[1]) Siehe hierzu Fux in „Berichte aus den neuen Staaten", IV. Jahrgang, Seite 785 ff.

dungen, für welche eine eigene Waggonbeistellung verlangt wird, wiederum mit 200 Kč pro 1920 verladenen Waggon. Die Durchführungsverordnung staffelt diesen Satz nach unten bis zu 50 Kč pro verladenen Waggon, wobei sie aus der Art der verladenen Güter auf die wirtschaftliche Leistungsfähigkeit der Verladenden schließt. Besonders kritisiert wurde die Tatsache, daß die Anleihe die pro 1920 erfolgten Verladungen heranzieht, nachdem dieses Jahr im allgemeinen eine Konjunkturperiode darstellt, während sich die Konjunktur im Jahre 1921 in scharf absteigender Linie bewegte.

Die Anleihe ist 6%ig und in 40 Halbjahrsziehungen, die ab 1926 beginnen, verlosbar. Wiederum, und zwar trotz aller Gewaltmaßnahmen, wie Kündigung des Schleppgeleises und des Telephons gegenüber Nichtzeichnern und ausschließliche Berücksichtigung von Zeichnern bei Anlegung neuer Telephonstellen, war das Ergebnis sehr dürftig und wird auf 3—400 Millionen geschätzt. Immerhin wird auch von strengen Kritikern betont, daß, wenn es überhaupt zu einer Zwangsanleihe kommen mußte, die gewählte Form jedenfalls eine der mildesten war und eine richtige Gebarung mit dem eingeflossenen Gelde zweifellos geeignet gewesen wäre, die odiose Form der Anleihe einigermaßen in ein besseres Licht zu setzen.

Die nächste Etappe auf dem Wege bildet die sechste (Mehl-)Anleihe, die, zur Deckung des staatlichen Getreidebewirtschaftungsdefizites gedacht, in Verbindung mit der Einlösung der österreichischen Vorkriegsschulden gebracht wurde.

Bekanntlich hat die Tschechoslowakei, wie alle anderen österreichisch-ungarischen Sukzessionsstaaten, einen Teil der österreichisch-ungarischen Vorkriegsschulden zu übernehmen. Nachdem seit dem Zusammenbruche Österreichs die Kupons der österreichisch-ungarischen Rente im Gebiete der Tschechoslowakei notleidend geworden waren, ging die Tschechoslowakei daran, ihrer Verpflichtung wenigstens teilweise nachzukommen. (Sie hat nämlich noch immer nicht eingesehen, daß eine prompte Honorierung früher eingegangener Verpflichtungen die beste Basis für den Staatskredit bildet, und daß nichts so sehr geeignet ist, den Staatskredit zu erschüttern, wie die sonst nur von den Bolschewisten verfolgte Politik der Ablehnung früherer Schulden eines anderen Regimes.) Mit Gesetz vom 12. August 1921 wurde eine 6%ige im Nachhinein verzinsliche, ab 1. Dezember 1926 in hundert Halbjahrsziehungen verlosbare Anleihe aufgelegt. Die Zeichner der neuen Anleihe konnten die Zeichnung zur Hälfte mit österreichischen und ungarischen, tschechoslowakisch gestempelten Vorkriegsschuldverschreibungen durchführen, und zwar wurden die mit 4 % und höher verzinslichen Titres al pari, die $3^1/_2$ %igen mit 85 % zur Zeichnung angenommen. Als besonderes Lockmittel wurde zugesagt, daß die Besitzer von Renten ihre bisher unbezahlt gebliebenen Kupons bei der Zeichnung sofort bar bezahlt erhalten sollten, während die Kupons der übrigen Vorkriegsschuldverschreibungen nach wie vor nicht eingelöst werden.

Es handelt sich also wiederum um eine Arrosierungsanleihe nach Muster der vierten Staatsanleihe, ohne daß allerdings — weil dies nach dem Friedensvertrag unzulässig gewesen wäre — die Nichtzeichnung an den Besitzern von Vorkriegsschuldverschreibungen mit dem Verlust ihrer Ansprüche geahndet würde. Man begnügte sich als Lockmittel mit der besseren Ausstattung der neuen Anleihe. Nachdem das staatliche Getreidedefizit ca. 2,2 Milliarden Kč betragen hatte, hätten die Barzeichnungen — also ohne Anrechnung der einrechenbaren Vorkriegsschuldverschreibungen — mindestens diesen Betrag erreichen müssen. Da das Resultat nicht bekanntgegeben wurde, ist mit Sicherheit anzunehmen, daß die erhoffte Ziffer nicht erreicht wurde.

Neben diesen sechs mehr oder weniger geglückten Anleiheversuchen hat der Staat noch sehr erhebliche laufende Kontokorrentvorschüsse bei dem Bankenkonsortium aufgenommen (in Form von Kassenscheinen), die nicht weiter hinter den Beträgen von 4 Milliarden zurückblieben. Ohne diese Vorschüsse hätten die laufenden Ausgaben des Staates stellenweise jedenfalls nicht bestritten werden können. Aus der Darstellung dieser Anleiheversuche ist ersichtlich, daß die Jahre 1920 und 1921 den Höhepunkt der Krise bilden. Im Jahre 1922 ist durch die außerordentliche Steigerung der tschechoslowakischen Valuta eine bemerkenswerte Entspannung eingetreten, die sich einerseits in der voraussichtlichen Verminderung der staatlichen Ausgaben, andererseits in der Möglichkeit der Öffnung ausländischer Märkte für den Staatskredit äußert. Die erste Wirkung dieser Entspannung, die in London und Neuyork mit Erfolg aufgelegte Kč=Anleihe aus jüngster Zeit, ist noch in Erinnerung. Es scheint also, als ob die Tschechoslowakei jetzt die Erfolge ihrer konsequenten Bemühungen um die Festigung ihres Staatskredites langsam einheimsen sollte, wenn auch nicht übersehen werden darf, daß der Weg noch weit und dornig ist. Zunächst steht ein großer Teil des inländischen Kapitals — das deutsche — noch immer abseits und wird durch entgegenkommende Politik gewonnen werden müssen. Dann aber ist zu bedenken, daß die tschechoslowakische Staatsschuld schon so groß ist, daß ihre weitere Vermehrung nicht unbedenklich ist.

Wie Stolper[1]) an der Hand des tschechoslowakischen Budgets errechnet, betrugen die Auslandsschulden des Staates 1921 ca. 500 000 £, 130 Millionen französische Franken und 750 Millionen Goldfranken, 92 Millionen $ und 128 Millionen Lire. In dieser Summe ist die mit 750 Millionen Franken bestimmte Kriegsentschädigung der Tschechoslowakei (Befreiungstaxe genannt) einbezogen, während andererseits die englische Anleihe des Jahres 1922 per ca. 10 Millionen £ nicht berücksichtigt erscheint.

Wenn man hierzu die im Inlande kontrahierten Schulden per ca. 10 Milliarden und die Defizite der Budgetjahre 1920 und 1921 per 3,8 Milliarden hinzurechnet, kommt man zu einer Verschuldung, die für einen Staat von 13 Millionen Menschen angesichts der Tatsache, daß er seine Hauptausgabenpost, nämlich das Militär, aus politischen Gründen auf Geheiß Frankreichs nicht abbauen darf, immerhin zur Vorsicht mahnt.

VI.

Mit gutem Grunde ist bei der Darstellung der Notenbank- und Anleihepolitik der Sukzessionsstaaten Österreichs die Tschechoslowakei vorangestellt worden. Bei allen Mängeln und Schönheitsfehlern, die den einschlägigen Maßnahmen dieses Staates anhaften, wenn man zum Vergleich den vor dem Kriege üblich gewesenen Maßstab anlegt, ist doch nicht zu verkennen, daß die Tschechoslowakei im allgemeinen mit tauglichen Mitteln an die Sanierung ihrer finanzwirtschaftlichen Zustände herangetreten ist. Hierzu war sie als Erbe der wirtschaftlich höchst kultivierten Länder Österreichs wohl in der Lage. Es zeigte sich bei Gegenüberstellung der Lage der Tschechoslowakei und der übrigen Sukzessionsstaaten wiederum, daß der Eckpfeiler einer aktiven Finanzpolitik die aktive Handels- und Zahlungsbilanz ist, und daß bei Vorhandensein einer solchen die technischen Maßnahmen finanzpolitischer Natur bei einigermaßen gutem Willen aller Bevölkerungsschichten gefunden werden können, um aus dem finanziellen Chaos, das ein vierjähriger Menschen und Wirtschaft verwüstender Krieg geschaffen hat, heraus-

---

[1]) Österr. Volkswirt, XIV. Jahrgang, Nr. 10.

zukommen. Die aktive Zahlungsbilanz schafft letzten Endes doch die Möglichkeit, den erschütterten Staatshaushalt einer Gesundung zuzuführen, selbst dort, wo, wie in der Tschechoslowakei, unvernünftiger Militarismus dem Lande andauernd höchst überflüssige Lasten aufbürdet. Und diese Besserung der Staatsfinanzen verstopft dann wieder die letzten Quellen der Inflation.

Alle übrigen hier zu besprechenden Sukzessionsstaaten können daher, wirtschaftlich und finanzpolitisch betrachtet, nur in gemessenem Abstande von der Tschechoslowakei gewertet werden, wenn auch einzelne an Flächeninhalt, an Größe der Bevölkerung oder an natürlichem Reichtum der Tschechoslowakei nicht nachstehen. Was zunächst Österreich betrifft, so ist die Ursache seiner staatsfinanziellen Misere unschwer zu erkennen. Obwohl das Land in seiner Hauptstadt Wien ein Finanzzentrum katexochen besitzt, dessen finanzpolitische Köpfe um die Anwendung richtiger technischer Mittel bei Vorhandensein der Voraussetzung einer Wiederaufrichtung gewiß nicht verlegen sind, mußten lange Zeit alle Versuche an der Unzulänglichkeit seiner wirtschaftlichen Schichtung scheitern. Wäre das Land mit keinerlei Verpflichtungen aus den Friedensverträgen belastet, so wären noch die größten Anstrengungen erforderlich, um in dem zu drei Viertel hochgebirgigen Land eine aktive Handelsbilanz zu erzielen. Immerhin wären aber solche Bemühungen, die allerdings mit einer weitgehenden Umschichtung der Bevölkerung Hand in Hand gehen müßten, nicht von vornherein aussichtslos. So aber belasten die finanziellen Bestimmungen des Friedensvertrages Österreich in einer Weise, die eine aktive Finanzpolitik erschweren. Was soll man dazu sagen, wenn man einem Lande wie Österreich, über dessen finanzielle Kapazität in der territorialen Form, die es durch den Friedensvertrag erhalten hat, sich nur blutige Laien im unklaren sein konnten, die Valorisierung seiner vor dem Krieg eingegangenen Kronenschulden nicht nur zumutet, sondern auch abpreßt, seine Auslandsguthaben liquidiert und sequestriert, dessen Aktiengesellschaften man zwingt, ihre während des Krieges fällig gewordenen Dividenden an das Ausland valorisiert zu bezahlen; dem man zumutet, sogar die Guthaben der Nationalstaatler, die diese in den Zentralinstituten, wie bei der Postsparkasse, unterhalten haben, entweder zu valorisieren und wenigstens mit einem Vielfachen des Nominalbetrages zurückzubezahlen, und dessen Bemühungen, aus den vereinzelt günstigen Bestimmungen des Friedensvertrages

Nutzen zu ziehen, man in einer Weise sabotiert, wie sich dies bei Ablehnung des voll berechtigten Anspruches der österreichischen Regierung auf den Goldschatz der Österreichisch-ungarischen Bank oder bei Auslegung der Bestimmungen des Friedensvertrages über die Aufteilung der Vorkriegsschulden gezeigt hat. Österreich wäre vermöge seines großen territorialen Bestandes an Vorkriegstitres in der günstigeren Lage gewesen, im Wege der Reparationskommission die Quantitäten an Rente, die seine Quote an zu übernehmenden Vorkriegstitres überstiegen, in nationalstaatlichen Schuldverschreibungen zu erhalten: sie wären ein Vielfaches seiner eigenen Schuldverschreibungen wert gewesen, und doch ist es den ganz unmöglichen Auslegungskunststücken der Nationalstaaten gelungen, durchzusetzen, daß das für Österreich in diesem Falle günstigere Territorialprinzip glatt durchbrochen wird. Der Einfluß, den diese vielfach durch den ärgsten Druck (Verweigerung von Lebensmittelzufuhren oder von Kreditvorschüssen usw.) hervorgerufenen ständigen indirekten Reparationsleistungen auf die Zahlungsbilanz Österreichs ausüben, wird leider vielfach noch unterschätzt, und es wäre dringend zu wünschen, daß die Mächte, die ein ehrliches Interesse an der Wiederaufrichtung Österreichs haben, ihr Augenmerk auf diese Leistungen Österreichs lenken, die in den benachbarten Ländern nicht einen Bruchteil des Nutzens stiften können, gegenüber dem Unheil, das sie in dem entgüterten Lande anrichten.

Infolge der andauernd äußerst ungünstigen Gestaltung der Handels- und Zahlungsbilanz sind lange Zeit die Versuche, Ordnung in den zerrütteten Staatshaushalt zu bringen, ergebnislos geblieben, so daß die immer weiter klaffenden Lücken durch den Staat, dessen Kredit unter solchen Umständen geschwunden war, nur immer wieder inflatorisch geschlossen werden konnten. Diese Situation hat sich grundlegend erst durch die weitausgreifende Sanierungsaktion, die unter Ägide des Völkerbundes unternommen wurde, geändert, welcher der Plan zugrunde liegt, das staatliche Defizit in zwei Jahren durch Erhöhung der Einnahmen und Verminderung der Ausgaben zum Verschwinden zu bringen und in der Zwischenzeit die notwendigen Mittel im Wege fundierter Anleihen zur Verfügung zu stellen. Die bisherigen Erfolge der im einzelnen noch darzustellenden Maßnahmen sind verheißungsvoll genug.

Recht schwierig ist auch die Lage Ungarns, dessen überwiegend agrarischer und selbstgenügsamer Charakter immerhin die Möglichkeit einer Sanierung nicht in dem Maße erschwert, wie dies in Österreich der Fall ist. Wieder anders, wenn auch nicht annähernd so ungünstig, liegen die Verhältnisse in einer dritten Gruppe der Sukzessionsstaaten, welche durch Polen und Jugoslawien repräsentiert wird. Diese beiden Länder haben Kriegsschäden in einem Umfang erlitten, der ihre Produktionsgrundlage und damit ihre Zahlungsbilanz auf längere Zeit hinaus aufs ungünstigste beeinflußt. Beide Länder sind indes aus dem Kriege als im Wesen autarke Wirtschaftskörper hervorgegangen, deren natürlicher Reichtum schließlich — vorausgesetzt, daß sich nicht außenpolitische Störungen ergeben — doch zu einer Gesundung führen wird. Indes stehen in beiden Ländern die Verwaltung und damit auch die Finanzpolitik auf einem Niveau, welches die Anwendung mittel- oder gar westeuropäischer Maßstäbe nicht immer gestattet, und es wird sich bei der Betrachtung der Notenbankpolitik und der staatlichen Anleihepolitik dieser Staaten leicht der Schluß ergeben, daß eine kundige Hand und ein leistungsfähiger Verwaltungsapparat schon bis nun beide Staaten hätte viel weiter führen müssen. Zu den Sukzessionsstaaten im weiteren Sinne zählen endlich noch Italien und Rumänien. Von diesen beiden Ländern wird man Italien aus diesen Betrachtungen füglich ausscheiden können, nachdem seine bankpolitischen und kreditpolitischen Maßnahmen nur in ganz bescheidenem Maße durch den im Krieg gewonnenen Gebietszuwachs bedingt sind und vor allem das wesentliche Kriterium fehlt, das der Finanzpolitik der anderen Sukzessionsstaaten den Stempel aufgedrückt hat, daß nämlich finanzpolitisch mehr oder weniger vollständiges Neuland betreten werden mußte. Ähnliches gilt von Rumänien, dessen Gebietszuwachs gegenüber der Vorkriegsperiode zwar viel bedeutender war, das aber doch irgendwie originelle Leistungen, die seine finanzpolitische Basis von Grund auf geändert hätten, kaum aufzuweisen hat.

VII.

Wenden wir uns nunmehr dem Staate SHS zu, der sich um das alte Serbien herum gebildet hat. Serbien hatte vor dem Krieg die Silberwährung, dessen Dinar paritätisch dem Goldfrank der lateinischen Münzunion gleichstand. Träger des Notenbankwesens war die 1884 gegründete Narodna banka, deren Aktienkapital 10 Millionen Dinar betrug. Trotz der insbesondere durch den Balkankrieg hervorgerufenen schwierigen Lage verfügte die Bank im Jahre 1915 noch über einen Metallschatz von 120 Millionen Dinar. Die auswärtigen Schulden des Staates betrugen bei Kriegsausbruch ca. 900 Millionen Dinar[1]). Während des Krieges wurde das Land vollständig durch die Entente finanziert, der Dinarkurs zuerst durch Frankreich, dann durch Amerika auf einer weder durch politische noch durch wirtschaftliche Verhältnisse gerechtfertigten Höhe gehalten. Nach Kriegsende zeigte sich jedoch bald die Begrenztheit solcher technischer Methoden, da naturgemäß das Ausland, vor allem Amerika, sich von der bisherigen Interventionspolitik zurückzog und der neue erheblich vergrößerte Staat auf eigenen Füßen zu stehen gezwungen war. Der dadurch bedingte rapide Kursverfall des Dinars wurde in dem Lande allenthalben sehr überraschend empfunden, und die Finanzkünste dieses jungen Staates erschöpften sich lange Zeit in Bemühungen um weitere Auslandskredite, wobei die Sorglosigkeit gegenüber der Frage der Bedeckung der Zinsenerfordernisse für einen solchen besonders auffällig ist.

Bezüglich der Emissionsbank konnte sich allerdings der Staat SHS. auf die bisherige serbische Nationalbank stützen, so daß nach verschiedentlichen Bemühungen um die Eingliederung der Kronenwährung in seine eigene Landeswährung[2]) am 1. Februar 1920 ein zwischen der Regierung des SHS.-Staates und der Nationalbank abgeschlossenes, gesetzlich inartikuliertes Übereinkommen zustande kam, das durch im Amtsblatte vom 14. Februar 1920 publizierte Übergangsbestimmungen ergänzt und in einigen Punkten durch einen Vertrag vom Januar 1921 abgeändert, den Grundstein für die Geschäftsführung der neuen „Nationalbank des Königreiches SHS." legte.

Die Firma der Bank ist, wie üblich, im ganzen Staate monopolistisch geschützt. Die Dauer des Notenprivilegs wird mit 25 Jahren festgesetzt (§ 4, leg. cit.). Das bisherige Grundkapital von 10 Millionen Dinar wird auf 50 Millionen Dinar in Gold erhöht. Das Nominale der Aktien beträgt, wie bisher, 500 Dinar in Gold. Von dem erhöhten Aktienkapital wurden zunächst 40 000 Aktien ausgegeben, wobei den Aktionären, was von kroatisch-slawonischer Seite heftig getadelt wurde, ein Vorbezugsrecht nach dem Verhältnis von drei alten zu einer jungen Aktie eingeräumt wurde. Eine Beteiligung des Staates am Aktienkapital sieht der Vertrag nicht vor. Trotzdem eine ratenweise Ein-

---

[1]) Siehe „Berichte aus den neuen Staaten", III. Jahrgang, S. 792.
[2]) Das einschlägige legislatorische Material siehe in des Verfassers „Die Währungsgesetzgebung der Sukzessionsstaaten Österreich-Ungarns", Wien 1921.

zahlung des neuemittierten Aktienkapitals vorgesehen war, scheint die Subskription nur unter Anwendung starker Druckmittel den gewünschten Erfolg gehabt zu haben. Gegenwärtig weist die Nationalbank in ihren Ausweisen eingezahlte Aktien im Nominale von ca. 21 Millionen Dinar aus.

Die Aktien sind Namensaktien und können nur mit Zustimmung der Verwaltung übertragen werden. Ausländer sind von der Zeichnung grundsätzlich ausgeschlossen. Auch eine Übertragung an Ausländer ist nur hinsichtlich der Angehörigen der durch Spezialgesetz ausdrücklich festgesetzten Länder zulässig (§ 8), eine Bestimmung, durch die man sich offenbar gegen das etwaige Eindringen deutschen oder österreichischen Kapitals sichern wollte, und die jedenfalls eine ziemlich überflüssige Vorsorge darstellte.

Das Verhältnis der Bank zum Staate ist in einer höchst unbefriedigenden Form gelöst. Schon der ursprüngliche § 13 des Vertrages sieht vor, daß der Staat im Bedarfsfalle bei der Bank jederzeit einen unverzinslichen Kredit von 600 Millionen Dinar (in Banknoten) in Anspruch nehmen kann, wobei der Staat verpflichtet wird, zur Sicherstellung Gold oder fremde Devisen zu erlegen. Die Übergangsbestimmungen besagen jedoch in Art. 10 außerdem, daß die Bank dem Staate einen ungedeckten Kredit von 500 Millionen Dinar auf Grund von Staatsschatzwechseln zu bewilligen hat, und daß die gegen die Schatzwechsel ausgegebenen Noten nicht in das Notenkontingent, wie es sich nach der Metalldeckung und der bankmäßigen Deckung ergibt, einzurechnen sind. Schon der Vertrag vom 15. November 1920 sieht aber die Erhöhung dieses Kredites um $1^1/_2$ Milliarden Dinars vor, in welchen Betrag allerdings die ungedeckten Verbindlichkeiten einzurechnen sind, die dadurch entstanden sind, daß die Regierung beim Austausch der Kronennoten den ihr bewilligten Kredit überschritten hatte. Aus diesem Umwege erfährt man also mit einigem Erstaunen, daß die Regierung einen ihr bewilligten Kredit um nicht weniger als $^1/_2$ Milliarde überschritten hat, und daß sie sich durch einfachen Ministerratsbeschluß, ohne Genehmigung der Vertretungskörper, die Mittel hierzu bei der Nationalbank verschafft hat. Der in dem Vertrag genannte Betrag wird sodann in ständig wiederkehrenden Zeiträumen weiter erhöht. Diese Vertragsbestimmung bildet demnach die etwas trübe Quelle, aus welcher die Notenflut im Staate SHS. zeitweilig ziemlich ergiebig floß. Die Notenbank scheint sich jedoch nicht in allen Fällen den einschlägigen Wünschen der Regierung widerspruchslos zu fügen, sondern erhebt fallweise gewisse Ansprüche. So ist es ihr gelungen, gelegentlich einer solchen Krediterhöhung durchzusetzen, daß ihr der Staat als Vergütung für erlittene Kriegsschäden einen Betrag von 5 Millionen Dinar bezahlt, nachdem sie ursprünglich die doppelte Summe verlangt hatte. Es wird also auch hier der in der Geschichte der Notenbank nicht vereinzelte Ausweg eingeschlagen, die widerspenstige Notenbank durch privatwirtschaftliche Vorteile gefügig zu machen, ein Weg, den auch die Österreichisch-ungarische Bank im Kriege in einem konkreten Falle gegangen ist, nicht ohne daß die erst später veröffentlichten einschlägigen Vereinbarungen zwischen Staat und Notenbank über die Einlösung der Aktien in Gold scharfe Kritik erfahren hätten [1]).

Einen weiteren Weg zur Notenbank hat sich der Finanzminister im Vertrage dadurch vorbehalten, daß er bis zum Betrage von 150 Millionen Dinar Staatsschatzscheine zum Satze von 2% eskomptieren kann, deren Erlös vom Staate für Zwecke des gewerblichen Kredites zu verwenden ist, — auch eine etwas merkwürdig anmutende Bestimmung in einem Notenbankstatut.

Im Geschäftskreise der Bank ist die Eskomptierung staatlicher Kassenscheine vorgesehen, dagegen fehlt das Recht zur Ausgabe von Kassenscheinen. Während der Österreichisch-ungarischen Bank und der tschechoslowakischen Nationalbank generell die Aufgabe überantwortet ist, durch Maßnahmen der Devisenpolitik die Währung auf dem Goldpunkt zu erhalten, obliegt der serbischen Nationalbank nur die konkrete Aufgabe, die rückfließende „Valuta der Auswanderer aufzukaufen und im Interesse des heimischen Geldverkehrs zu verwerten" (§ 11). In praxi übt die Nationalbank darüber hinaus, gleichwie die anderen Zettelbanken, weitgehenden Einfluß auf die Devisenpolitik aus und ist insbesondere auch die Trägerin der Devisenbewirtschaftung.

Die in § 16 der Bank hinsichtlich ihrer Noten auferlegte Einlösungspflicht in gesetzliches Metallgeld ist nach Art. 12 der Übergangsbestimmungen vorläufig sistiert. Während der Dauer der Sistierung ist nur die Einlösung von „kleinem" Geld gestattet. Die derzeitige Suspension der Einlösungspflicht findet ihre gesetzliche Handhabe in § 17 des Übereinkommens, welcher die Suspension der Einlösungspflicht in außerordentlichen Fällen „im Einvernehmen und über Beschluß der

---

[1]) Siehe hierzu Stolper im Österreichischen Volkswirt, Jahrgang 12, Nr. 17.

Regierung" vorsieht. Der Frage, ob die derzeitige Silberwährung künftighin beizubehalten ist oder in eine andere metallische oder bimetallische zu überführen ist, präjudiziert das Statut nicht. Es schreibt in § 20 lediglich die Eindritteldeckung des Notenumlaufes durch „Metall" vor, wobei gemäß § 19 die Metalldeckung aus Gold, Silber und fremden Devisen zu bestehen hat. In welcher Weise und in welchem Verhältnisse Gold, Silber und fremde Devisen zur Deckung der Noten beizutragen haben, wird — wiederum ein recht unbefriedigender Zustand — von der Nationalbank selbst im Einvernehmen mit dem Handels- und Finanzminister bestimmt.

Auf die bisherige Silberwährung findet sich nur ein einziger schüchterner Hinweis im Art. 1 der Übergangsbestimmungen, welcher die Bank zum Umtausch der Kronennoten einerseits, der „bisherigen Dinarnoten, deren Deckung in Silber besteht", andererseits, in „Banknoten der Nationalbank für das Königreich SHS." verpflichtet. Es geht aus dieser Fassung die Tatsache, daß auf diesem Wege eine neue Papierwährung mit dem gesetzlichen Umtauschverhältnis 1:1 eingesetzt werden soll, deutlich hervor, ohne daß der privatrechtlichen Konsequenzen dieser Maßnahmen an dieser oder anderer Stelle gedacht würde.

In Art. 9 der Übergangsbestimmungen verpflichtet sich der Staat, den Stand der Deckungen (Gold oder Devisen, Silber fehlt hier) auf der Höhe von 300 Millionen zu halten, solange die Einlösungspflicht sistiert ist. Danach würde also der Staat vorderhand darauf verzichten, das seinerzeit der alten Nationalbank übergebene Geld zurückzuverlangen, andererseits kann die Nationalbank vom Staate jederzeit die Ergänzung ihrer Metalldeckung auf diese Höhe verlangen, wenn die Deckung unter diesen Betrag gesunken ist.

Die durch die Einlösung der Kronennoten und die korrespondierende Ausgabe von Staatsnoten entstandene Staatsschuld wird durch die Notenbank übernommen und seitens des Staates durch einen Teil der Staatsdomänen und durch seine Kassenscheine sichergestellt. Der Staat kann jedoch jederzeit durch Hinterlegung anderer Werte — also offenbar durch Hinterlegung von Staatsschatzscheinen — die Staatsdomänen rückgestellt erhalten. Diese Bestimmung ist augenscheinlich in der Voraussetzung, daß weitere Auslandskredite nur gegen Verpfändung dieser wertvollen Objekte erhältlich sein werden, zustande gekommen. Die gegen die Kronennoten emittierten Staatsnoten sollen nicht auf das Bankkontingent zählen, das heißt also, daß sie ihre Deckung in den eingezogenen Kronennoten allein bzw. in den durch sie repräsentierten Ansprüchen an die Österreichisch-ungarische Bank finden. Die Rückzahlung der so entstandenen Staatsschuld besorgt der Staat aus seinem Reingewinnanteil an der Notenbank, aus dem jeweils im Budget hierfür vorgesehenen Teil des Reinertrages der Staatsdomänen und sonstigen ins Budget einzustellenden Zuschüssen und durch Amortisationsquoten, die im sechsten Jahre nach Vertragsabschluß mit 1 % beginnen und nach dem neunten Jahre auf 2 % steigen. Obwohl nach diesen Bestimmungen bei der Bewirtschaftung der Staatsdomänen die Notenbank ein gewichtiges Wort dreinzureden haben sollte, ist ihr diesbezüglicher Einfluß in dem Übereinkommen ziemlich eingeschränkt. Bei Verpachtung der Staatsdomänen ist dem Staate lediglich die Pflicht auferlegt, der Bank eine Abschrift des Pachtvertrages vorzulegen. Ein Veto besitzt die Bank also nicht, während bei der Verwaltung derselben in Staatsregie überhaupt kein Mitbestimmungsrecht der Bank statuiert erscheint. Einen zahmeren Pfandgläubiger als die Notenbank wird der Staat also kaum irgendwo finden. Trotzdem erscheinen in dem Ausweise der Notenbank unter den Aktiven ständig die Staatsdomänen als pfandrechtlich haftendes Objekt eingesetzt, während unter den Passiven die gleiche Summe als Forderung des Staates aus den verpfändeten Domänen eingestellt ist.

Bei der Verteilung des Reingewinnes der Nationalbank fällt auf, daß der staatliche Anspruch auf die Hälfte des Reingewinnes vor Dotierung des Reservefonds zu befriedigen ist, eine fiskalische kommerziellem Brauche direkt zuwiderlaufende Bestimmung, die wohl mehr als einen bloßen Schönheitsfehler darstellt.

Die Regelung der Notenbankfrage im Staate SHS. kann also durchaus nicht als sehr befriedigend bezeichnet werden. Indes ist nicht zu verkennen, daß das Jahr 1923 währungspolitisch schon erheblich konsolidiertere Zustände zeigt, und daß die Inflation in ihrem Tempo zumindest so eingedämmt ist, daß sie der relativen Stabilisierung der Währung nicht hinderlich ist.

Der SHS.-Staat hat in der Anleihepolitik nicht jene komplizierten Wege aufgesucht, die wir die Tschechoslowakei wandeln sehen. Zunächst ist auch hier der Zwangsanleihe zu gedenken, die der Staat bei den Kronenbesitzern anläßlich der zweiten Kronenmarkierung Ende 1919 aufgenommen hat, indem er 20 % der eingezogenen Noten als Zwangsanleihe

Tabelle III.
Ausweis der Nationalbank des Königreiches SHS.

	Stand am			
	30. Sept. 1920	30. August 1921	31. August 1922	31. Juli 1923
Aktiva:				
Metallbestand:				
a) in Kassen:				
Gemünztes Gold....	63 271 806,92	75 346 418,22	63 683 123,74	63 053 706,25
" Silber...	15 537 578,30	16 458 861,—	16 453 567,14	17 200 516,60
Fremde Valuten....	2 059 720,02	3 663 935,30	521 861,33	983 493,97
b) in Depots im Ausland:				
Verschiedene Valuten..	344 473 916,66	344 353 265,50	418 860 375,59	350 237 292,73
Darlehen:				
auf Wechsel......	125 230 353,69	234 522 346,59	1 153 238 950,89	1 210 144 562,64
auf Wertpapiere.....	5 233 023,—	23 371 215,60	63 574 143,75	162 952 992,55
Forderungen an die Staats= verwaltung:				
für die Ablösung der Kronen= noten.........	1 189 657 298,35	1 199 861 330,10	1 267 414 381,56	1 238 216 353,46
auf Rechnung des Aus= tausches.........	561 804 684,12	371 688 009,24	333 902 841,20	373 106 800,55
Bonsanleihe gewerblichen Kapitals.......	113 370 745,10	720 896 595,88	—	975 284 579,95
Auslandsanleihe auf Bons	500 000 000,—	—	999 757 287,64	—
Bankkredit auf Bons...	—	1 942 366 798,74	2 000 000 000,—	2 000 000 000,00
Bonsanleihe für die Schuld aus deponierten Dinar= Kronen=Noten.....	425 921 526,65	—	—	—
Wert der für die ausgegebenen Banknoten verpfändeten Staatsdomänen....	2 138 377 163,—	2 138 377 163,—	2 138 377 163,—	2 138 377 163,—
Diverse Aktiva.......	—	—	—	300 244 575,65
Summe der Aktiva:	5 484 937 815,81	7 130 905 939,19	8 455 783 695,84	8 814 781 037,34
Passiva:				
Aktienkapital 50 000 000 Dinar.				
Davon eingezahlt in ge= münztem Gold.....	10 000 000,—	10 000 000,—	17 162 700,—	21 679 300,-
Reservefonds......	705 011,64	821 571,25	2 160 969,92	5 234 223,35
Banknoten im Umlauf..	2 814 319 175,—	4 193 565 490,—	5 066 806 225,—	5 579 928 610,—
Verschiedene Verpflichtungen:				
Forderungen des Staates auf Grund des Austausches	376 141 311,36	371 688 009,24	333 902 841,20	373 106 800,54
Girokreditoren......	41 369 398,08	247 611 916,92	217 750 965,47	303 626 423,75
Sonstige Kreditoren...	92 424 010,37	55 731 240,44	655 802 965,07	295 513 475,75
Forderungen des Staates für die verpfändeten Domänen	2 138 377 163,—	2 138 377 163,—	2 138 377 163,—	2 138 377 163,-
Diverse Passiva......	11 601 746,36	112 734 448,32	23 819 866,18	50 204 162,95
Agio für die Beschaffung des Goldschatzes......	—	—	—	47 110 878,—
Summe der Passiva:	5 484 937 815,81	7 130 905 939,17	8 455 783 695,84	8 814 781 037,34

zurückbehielt. Ursprünglich war vorgesehen, daß diese 20 % nur mit 1 % verzinst und in kurzen Zeitabschnitten zurückgezahlt werden sollten. Der vorgesehene Einlösungstermin wurde jedoch einfach nicht eingehalten, und erst späterhin wurden die diesbezüglichen Summen im Budget 1920/21 in eine 3 %ige im Jahre 1930 rückzahlbare Staatsanleihe zwangsweise konvertiert.

Den ersten eigentlichen Anleiheversuch bildete die Ausgabe von 4 %igen in sechs Monaten rückzahlbaren Kassenscheinen im Nominale von 200 Millionen Kronen, welche in der Zeit vom 23. April bis 8. Mai 1919 zur Subskription aufgelegt wurden. Nachdem im Laufe des Jahres 1919 verschiedene Projekte über eine innere Anleihe ventiliert und speziell im Hinblick auf den noch nicht abgeschlossenen Frieden mit Österreich wieder verworfen worden waren, wurde bei Fälligkeit dieser ersten Staatsschatzscheine deren Konvertierung in 6 %ige, wiederum in weiteren sechs Monaten fällige Kassenscheine gegen eine Separatprämie von 5 % und Vorauszahlung der 5 %igen Zinsen bis zum Fälligkeitstage angeboten, alternativ jedoch die Einlösung der 4 %igen Kassenscheine. Es scheint, als ob von der Konvertierung ziemlich reichlich Gebrauch gemacht wurde, ebenso, als nach Ablauf der sechs Monate eine weitere Prolongation unter gleichen Bedingungen angeboten wurde. Jedenfalls erscheint die obige Summe von 200 Millionen Kronen noch im Budget des Jahres 1922 als Staatsschuld. — Wurde diese kurzfristige Anleihe nur in den neuen Gebieten aufgelegt, so wendete sich die Regierung bei ihrem zweiten, vorläufig letzten Anleiheversuch an den gesamten Staat. Ähnlich dem tschechoslowakischen Beispiel wurde in der Zeit vom 1. bis 30. September 1921 eine 7 %ige Investitionsanleihe für die Bedürfnisse von Post, Telegraph und Eisenbahn im Betrage von 500 Millionen Dinar zur Subskription aufgelegt. Die Anleihe ist innerhalb 50 Jahren, beginnend mit dem vierten Jahr, nach erfolgter Emission rückzahlbar. Der Zinsenlauf begann am 15. März 1922; die Rückzahlung kann frühestens innerhalb 10 Jahren seitens des Staates erfolgen. Dem Zinsendienst der Anleihe sind die Einnahmen aus den Erträgnissen der Investititionen gewidmet — angesichts des Defizits aller staatlichen Betriebe eine zweifelhafte Sicherstellung, wenn nicht an den Bruttoverlös gedacht ist, wofür wiederum keine Kontrolle vorgesehen ist. Die Titres sind bis zu 75 % bei der Notenbank lombardierbar. Die Anleihe wurde von dem jugoslawischen Bankensyndikat garantiert.

Damit sind, soweit bekannt, die Anleiheversuche des jugoslawischen Staates im Inlande im wesentlichen erschöpft. Merkwürdigerweise findet der Staat, speziell in seinen Anfängen, im Auslande bei seinen Anleihewerbungen ein willigeres Ohr als die Tschechoslowakei, was offenbar durch die Teilnahme Serbiens am Kriege erklärlich ist. Es gelang dem Staate, im Laufe der Jahre 1919 und 1920 in Amerika 55 Millionen Dollar und in Frankreich und England zusammen über 150 Millionen Franken zu erhalten. Daß aber trotzdem der Kredit des Staates im Auslande nicht gerade glänzend fundiert ist, zeigt die Tatsache, daß Frankreich gelegentlich eines im Jahre 1919 erteilten Vorschusses von 9 Millionen Franken mehr als die Hälfte des Anleihebetrages zur Sicherung der Rückzahlungsverpflichtung und zur Sicherung des Zinsendienstes zurückbehalten und nur die kleinere Hälfte dem Staate in bar zur Verfügung gestellt haben soll.

Die auswärtige Verschuldung des Staates ist heute schon eine recht ansehnliche. Einer beiläufigen Vorkriegsschuld von ca. 1000 Millionen Dinar stehen die Kriegsschulden im beiläufigen Betrage von 1500 Millionen Dinar, 12 Millionen Dollar und 10 Millionen Pfund gegenüber. Rechnet man obige 150 Millionen Franken und 55 Millionen Dollar hinzu, so kommt man zu ganz erheblichen Posten, besonders wenn man daneben noch die große innere Verschuldung des Landes (Vorkriegsschulden, Notenschuld usw.) betrachtet und diesen Schulden die vollständig unzulänglichen Einnahmen gegenüberstellt. Jugoslawien rechnet denn auch auf einen Schulderlaß seitens der alliierten Mächte (Jugoslawischer Lloyd vom 5. August 1921) und hat bisher jedenfalls für die Verzinsung und Tilgung seiner Verbindlichkeiten an das Ausland keinerlei Vorsorge getroffen[1].

VIII.

Polens Notenbankwesen ruht bis nun auf provisorischer Grundlage. Als Noteninstitut figuriert die durch Verordnung des seinerzeitigen deutschen Generalgouverneurs vom 9. Dezember 1916 errichtete polnische Landesdarlehenskasse. Das Deutsche Reich hat dieses Institut seinerzeit in der richtigen Erwägung ins Leben gerufen, daß durch Gründung eines provisorischen Noteninstitutes in den okkupierten Gebieten die Inanspruchnahme der Reichsbank, die sonst die Okkupa-

---

[1] Das mitgeteilte Ziffernmaterial entspricht im allgemeinen dem Stande bei Ende des Jahres 1922.

tionsgebiete mit deutschen Zahlungsmitteln hätte versorgen müssen, eingeschränkt wird, und hat mit dieser auch in anderen okkupierten Ländern mit unterwertiger Valuta betätigten Finanzpolitik zweifellos gewisse Erfolge errungen, während die Österreichisch-ungarische Monarchie in den von ihr okkupierten Landesteilen, besonders in den ersten Kriegsjahren, die österreichisch-ungarische Valuta zirkulieren ließ und damit nicht wenig zum Verfall der eigenen Währung beigetragen hat. Nach § 1 der zitierten Verordnung hatte die Kasse dem Zweck der "Befriedigung des Kreditbedarfes" zu dienen. Ihr Wirkungskreis erstreckte sich lediglich auf das Gebiet des Generalgouvernements Warschau. Die einer Vereinbarung mit der österreichisch-ungarischen Regierung vorbehalten gebliebene Ausdehnung ihres Tätigkeitsgebietes auf das österreichisch-ungarische Okkupationsgebiet ist nicht zustande gekommen. Die Kassa hatte bis zum Höchstbetrage von 1000 Millionen Mark auf polnische Mark lautende Darlehenskassenscheine auszugeben, die als gesetzliches Zahlungsmittel nach der Relation: 1 deutsche Mark = 1 polnische Mark zu gelten hatten. Die Deckung der Darlehenskassenscheine hatte in Gold, deutschen Reichsmünzen oder deutschen Kassenscheinen, Banknoten oder Darlehenskassenscheinen oder in entsprechenden bankmäßigen Sicherheiten zu bestehen. Für die Gesamtheit der umlaufenden Darlehenskassenscheine hatte das Deutsche Reich die Garantie übernommen (§ 5, leg. cit.). Für einen Zeitraum von zwei Jahren nach formeller Errichtung des Königreiches Polen war die Liquidierung der Kasse in Aussicht genommen. Es war begreiflich, daß sich nach Errichtung des polnischen Staates die Regierung dieses Instruments bediente, um eine Basis für die Ordnung des Währungswesens zu finden. Nachdem die deutschen Okkupationsbehörden die Geschäfte der Kassa bis zum 11. November 1918 geführt hatten, proklamierte ein Gesetz vom 7. Dezember 1918 die polnische Landesdarlehenskassa als Emissionsinstitut für den ganzen polnischen Staat. Hierbei war ihr natürlich zunächst nur die Regelung des Umlaufes in polnischen Mark vorbehalten, nachdem ja in Teilen des Staatsgebietes noch die österreichische Krone und der russische Rubel als Währungsgeld zirkulierten, ohne daß dem neuen Staate auf die Regelung des Umlaufes in diesen Geldsorten ein entsprechender Einfluß zugestanden wäre. Bei der weiteren Durchführung der Währungsreform spielte indes die Landesdarlehenskassa eine entscheidende Rolle, indem sie, durch Regierunsverordnung dazu ermächtigt, die Einziehung der Kronennoten durchzuführen und auch den

Rubelumlauf durch Käufe und Abgaben zu regeln hatte. Mittlerweile hatte die Landesdarlehenskassa auch die Filialen der Österreichisch-ungarischen Bank und der Russischen Staatsbank übernommen. Während für die bis 11. November 1918 in Umlauf gesetzten Noten im Gesamtbetrage von ca. 880 Millionen Mark ausdrücklich die Haftung des Deutschen Reiches in Anspruch genommen wird (Art. 2), wird die weitere Ausgabe von polnischen Marknoten für Rechnung des polnischen Staates besorgt, wobei ursprünglich der Umlauf nicht mehr als 500 Millionen betragen sollte. Indes wurde schon nach zwei Monaten die Emissionsgrenze um 250 Millionen nach oben verlegt. Daß es auch bei dieser Summe nicht geblieben ist, ist selbstverständlich.

Die Landesdarlehenskassa ist ein reines Staatsnoteninstitut. Metalldeckungsvorschriften bestehen nicht, ebensowenig Bestimmungen über die Handhabung der Devisenpolitik. Trotzdem hat die Kasse naturgemäß diesen letzteren Geschäftszweig mit der Ausbreitung ihrer Tätigkeit zu pflegen.

Die organisatorischen Bestimmungen sind äußerst dürftig. Der vom Ministerpräsidenten ernannte Direktor und sein Stellvertreter leiten die Geschäfte der Kassa vollkommen selbständig, ohne durch sonstige Verwaltungsorgane (Bankrat, Direktionsrat, Generalrat usw.) kontrolliert zu werden! Überhaupt ist das aus 21 Artikeln bestehende Statut so mager in seinen Bestimmungen als irgend denkbar, und wenn man auch speziell auf finanzpolitischem Gebiete einer mageren Form durch zweckmäßige Maßnahmen und guten Willen einen reicheren Inhalt zu geben vermag, so entbehrt dieses Statut einer Notenbank doch der primitiven Sicherungen, deren ein Noteninstitut füglich kaum entraten kann. So wäre zum Beispiel das Noteninstitut nach Art. 12 vollkommen hemmungslos den staatlichen Kreditbedürfnissen ausgeliefert. „Auf Grund eines vom Staatsoberhaupte genehmigten Ministerratsbeschlusses können kurzfristige Darlehen mit nicht mehr als sechsmonatiger Laufzeit der Staatskassa gegen Verpfändung von Staatsschatzscheinen gewährt werden." Diese Bestimmung beinhaltet wohl keine Verpflichtung der Kassa zur Kreditgewährung an den Staat; aber man kann es sich vorstellen, daß der vom Ministerpräsidenten ernannte Direktor, dem keinerlei sonstige administrativen Organe das Rückgrat steifen, solchen Ministerratsbeschlüssen keinerlei Widerstand entgegenzusetzen vermag. Nicht genug daran, kann das Institut gegen einfache Schuldscheine auch den Kommunalkredit befriedigen. Nicht nur dem Staate, sondern auch den Kommunen steht also die Notenpresse zur Verfügung, wobei der Unterschied nur darin besteht, daß der Staat den Kredit zinsenlos, die Gemeinden dagegen gegen 5 %ige Verzinsung erhalten! In die Notendeckung werden neben etwaigen Metallbeständen und sonstigen bankmäßigen Sicherheiten auch russische und österreichische bei der Bank verpfändete Banknoten sowie die russischen und österreichischen im Umtauschwege gegen polnische Mark konvertierten Noten eingerechnet. Bezüglich der österreichischen Noten hat diese Bestimmung im Laufe der Zeit einen gewissen Inhalt erhalten, indem die vom polnischen Staat eingezogenen österreichischen Noten immerhin auf Grund des früher besprochenen Art. 206 des Friedensvertrages gewisse Rechte an den Aktiven der Österreichisch-ungarischen Bank geben. Dagegen muß der Wert der etwa vorhandenen Noten russischer Emission wohl als sehr problematisch bezeichnet werden, zumindest soweit der Rubel als Deckung für eine Notenemission in Betracht kommt. Deutsche Banknoten können nur bis zum Betrag von 10 Millionen Mark in die Deckung eingerechnet werden, soweit solche im Umtauschwege gegen polnische Mark erworben wurden.

Das Statut trägt also in allen wichtigen Punkten durchaus den Charakter eines Provisoriums in sich, ohne daß indes bis nun ernste Versuche zur Errichtung einer definitiven Notenbank eingesetzt hätten. Zwar stand einige Zeit hindurch ein vom Finanzminister dem Finanzausschuß vorgelegter Entwurf einer Notenbank, der die Einführung einer neuen Zloty- (Gulden-) Währung zur Voraussetzung hatte, zur Diskussion. Aber auch dieser Entwurf ist in seinen gleich zu besprechenden Bestimmungen so unbefriedigend wie nur möglich und hat auch nie Gesetzeskraft erlangt.

Die Notenbankpolitik Polens ist eben nur im Zusammenhang mit der gesamten Finanzpolitik und diese wiederum nur im Zusammenhang mit der ganz außerordentlich komplizierten inneren und äußeren Politik zu erklären. Die Schwierigkeiten in der Lösung sind nicht zu verkennen. Das Land ist wirtschaftlich aus außerordentlich heterogenen Bestandteilen zusammengesetzt, die die längste Zeit hindurch verschiedenen Staaten einverleibt waren. Die Steuermoral des Landes ist eine selbst für heutige Begriffe außerordentlich niedrige, so daß bis zum Regierungsantritt des Finanzministers Michalski keine nennenswerten Versuche gemacht wurden, durch Steuern und sonstige Einnahmserhöhungen dem Finanzelend beizukommen. Überdies herrschte ständig das Bestreben, finanzpolitische Maßnahmen auf Kosten der früheren österreichischen und deutschen Gebiete durchzuführen.

Ist die Landesdarlehenskassa, die übrigens unter den gegebenen Verhältnissen Anerkennenswertes leistet und jedenfalls durch den entsprechenden Ausbau ihrer Organisation sich um die künftige Ordnung des Währungschaos Verdienste erworben hat, nach ihrem gegenwärtigen Statut kaum ein geeignetes Institut für weit ausgreifende währungspolitische Pläne, so muß dem durch die Landesdarlehenskassa repräsentierten provisorischen Zustande jedenfalls noch immer weitaus der Vorzug gegeben werden vor dem Definitivum, als dessen Träger nach dem im Jahre 1919 vorliegenden Entwurfe die „Polnische Bank" ausersehen war. Auch sie war als reine Staatsbank gedacht. Obwohl Staatsbank, war ihr doch ein „Aktienkapital" von 100 Millionen zugedacht, ohne daß diesem Aktienkapital Aktionäre gegenübergestanden wären! Auch das Aktienkapital sollte zunächst nicht durch Bareinzahlung oder Dotierungen aufgebracht werden, sondern der Staatsschatz sollte der Bank „Nationalspenden", die Immobilien der auf polnischem Boden befindlichen Filialen der ehemals russischen, deutschen und österreichischen Institute und den Überschuß aus der Liquidation der Landesdarlehenskassa zuweisen. Weitere Dotierungen sollten aus dem Reingewinn erfolgen, indem 50 % desselben nach Abzug von 10 % Abschreibung auf Immobilien auf das Aktienkapital gewiesen werden. Bei dieser nicht gerade modern anmutenden Idee ist man offenbar dem Beispiel der Russischen Staatsbank gefolgt. Ansonsten bietet das Statut gegenüber dem der Landesdarlehenskassa keinerlei Fortschritt, im Gegenteil, die Darlehensgewährung an den Staat war bis zum Betrage von 3 Millionen Gulden zinsenlos zulässig. Auch die ominöse Kreditgewährung an Städte- und Kommunalverbände gegen 5 % fehlt nicht. Lediglich einige organisatorische Verbesserungen, die Bestellung eines Aufsichtsrates, deren Mitglieder indes vom Staatschef ernannt werden, wurden angebracht. Dieser also vollkommen bedeutungslose Entwurf ist denn auch, wie es sich gebührte, ziemlich rasch in der Versenkung verschwunden.

Dagegen ist durch ein Gesetz vom 5. April 1921 das Statut der Landesdarlehenskassa in einigen nicht unwichtigen Punkten abgeändert worden; vor allem wurde der Geschäftskreis der Kassa auf die Übernahme verzinslicher oder unverzinslicher Einlagen auf Girokonto ausgedehnt, ebenso erhielt die Kassa das Recht, Kassenscheine auszugeben, und zwar Inlands- und Auslandsanweisungen, wobei bei den letzteren vielleicht an Kassenscheine, in fremder Währung zahlbar, gedacht war, was jedenfalls im Statut einer Notenbank eine nicht verständliche Norm wäre. Das gleiche Gesetz regelt auch die Kreditgewährung an den Staat dahin, daß nunmehr die obere Grenze für solche Kredite überhaupt beseitigt wird. Bis nun mußte nämlich jede das gerade zulässige Ausmaß übersteigende Kreditgewährung durch ein Gesetz beschlossen werden, eine Bestimmung, über die sich die verschiedenen Regierungen allerdings wiederholt souverän hinweggesetzt haben, indem sie sich mit einer nachträglichen Indemnität begnügten. Endlich wurde bestimmt, daß die Kassa für den Teil der dem Staatsschatz gewährten Darlehen dem Staate Zinsen berechnen dürfe, der den Betrag der von ihr ohne Deckung ausgegebenen Noten übersteigt.

Man kann nun an der Gegenüberstellung des tschechoslowakischen und polnischen Beispiels einerseits und des jugoslawischen und tschechoslowakischen Beispiels andererseits leicht finden, daß die Frage, ob Staatsbank oder Privatbank, unter den heutigen in jeder Beziehung außerordentlichen Verhältnissen wirklich ziemlich in den Hintergrund tritt. Das tschechoslowakische und das polnische Noteninstitut sind beide Staatsinstitute — welche Erfolge auf der einen und welche Mißerfolge auf der anderen Seite! Dabei wäre man fast versucht, zu fragen, ob nicht für ein Land wie Polen ein Privatinstitut ein gefährliches Experiment wäre, da die Befürchtung außerordentlich naheliegt, daß in einem solchen private Einflüsse in einer dem Gesamtinteresse eben nicht förderlichen Weise wirken könnten. Andererseits ist der Staat SHS. im Besitze eines privaten Noteninstitutes, das, wie wir gesehen haben, den privaten Charakter stark unterstreicht, insoweit nämlich die Interessen der Aktionäre in Betracht kommen, und doch hat unter dem Regime dieses privaten Noteninstitutes die Inflation zeitweise starke Fortschritte gemacht, obwohl an sich in diesem selbstgenügsamen Lande die Vorbedingungen für eine erfolgreiche Finanzpolitik nicht minder günstig gewesen wären wie in dem von einem staatlichen Noteninstitut beherrschten tschechoslowakischen Staat (Tabelle IV, S. 52).

Wie die anderen bisher betrachteten Staaten hat auch der polnische Staat auf dem Wege von Anleihen einen Teil seiner Bedürfnisse zu befriedigen versucht. Man darf aber keineswegs daran denken, daß hierbei etwa der alte, solide, auf dem Boden Mittel-, Ost- und Südeuropas heute fast vergessene Grundsatz in Anwendung kam, daß An-

Tabelle IV.

Ausweis der polnischen Landesdarlehenskasse.

	Stand am 31. August 1921	31. August 1922	31. Juli 1923
	in Tausenden polnischer Mark		
Aktiva:			
1. Metallbestand:			
Gold	19 246,—	31 625,—	46 857,—
Silber	40 780,—	44 131,—	34 756,—
Ausländische Münzen	1 267,—	1 260,—	1 315,—
2. Valuten lt. Parität:			2 952,—
Valutenkursdifferenz		7 987 392,—	46 467 155,—
3. „Nostro"-Guthaben i. Auslande:	368 657,—	1 358 712,—	30 641,—
Guthaben bei deutschen Banken	403 611,—	418 721,—	
Kursdifferenz auf ausländischen Konten		50 388 506,—	384 344 428,—
4. Wechselportefeuille	3 885 424,—	56 366 628,—	758 112 848,—
5. Darlehen (Lombard, offene und sonstige Kredite)	7 776 875,—	21 079 880,—	390 850 944,—
6. Staatsschuld	158 000 000,—	285 000 000,—	4 190 500 000,—
7. Postsparkasse	1 504 727,—	4 343 697,—	2 447 041,—
8. Eigene Wertpapiere	4 656,—	11 964 562,—	46 148 438,—
9. Sonstige Aktiven	14 975 974,—	26 185 970,—	286 419 182,—
Summe der Aktiva:	168 087 796,—	465 064 071,—	6 105 406 559,—
Passiva:			
1. Reservefonds	68 912,—	11 331 997,—	50 347 758,—
2. Notenumlauf	133 734 219,—	385 787 489,—	4 478 709 059,—
3. Girokreditoren und sofort fällige Verbindlichkeiten	34 684 648,—	59 293 859,—	1 042 638 778,—
4. Sonstige Passiven	17 576 016,—	8 680 726,—	553 710 964,—
Summe der Passiva:	186 027 796,—	465 094 071,—	6 105 406 559,—

leihen nur zur Befriedigung staatlicher Bedürfnisse zu dienen haben, die in der näheren oder ferneren Zukunft eine Vergrößerung der wirtschaftlichen Macht des Staates zur Folge haben, und die als eminent produktiv anzusehen sind. Vielmehr dienen sämtliche Anleihen des polnischen Staates, und zwar die ausländischen wie die inländischen, ausschließlich zur Deckung des laufenden Bedarfes. Dabei ist Polen derjenige unter den Sukzessionsstaaten, dem ausländischer Kredit, speziell in der ersten Zeit seines Bestandes, vermöge der im Kriege bestandenen Mentalität der westlichen Staaten (Amerika) im weitesten Umfange zur Verfügung stand. Überdies wurde diese Mentalität des Auslandes durch eine großzügige Propaganda gestärkt. So ist es zu er=

klären, daß Polen in der kurzen Zeit seines Bestandes auswärtige Schulden von etwa 16—1800 Millionen Goldfranken anhäufen konnte.

Die ersten Eingänge aus einer inneren Anleihe verdankte der polnische Staat der deutschen Okkupationsbehörde, die noch kurz vor dem Zusammenbruch eine innere Anleihe aufgelegt hatte, die in den letzten Wochen des Jahres 1918 eingeflossen ist. Es handelt sich um 5%ige, im Jahre 1919 rückzahlbare Kassenscheine, die wiederholt prolongiert wurden. Da dieselben indes mit 90 % lombardierbar sind, kann man ihren kreditpolitischen Wert gewiß nur gering einschätzen. Diese hohe Lombardierungsgrenze ist überhaupt für die Anleihetitres des polnischen Staates charakteristisch, wobei wesentlich über die im Kriege von Österreich hinsichtlich der Kriegsanleihetitres gezogenen Grenzen von 75 %, deren Höhe heute allgemein getadelt wird, hinausgegangen wurde.

Zwei weitere Anleiheversuche fallen in das Jahr 1920, ohne daß die Ergebnisse besonders ermutigend gewesen wären. Gewiß hat neben sonstigen Momenten auch der Umstand den Erfolg der Anleihen störend beeinflußt, daß sie nahezu gleichzeitig aufgelegt wurden. Im Mai 1920 wurde zunächst eine Anleihe auf den Markt gebracht, die zwei Typen aufwies. Der eine Typus stellte ein kurzfristiges, innerhalb fünf Jahren rückzahlbares Papier dar, das mit 5%iger Verzinsung ausgestattet war, während der zweite Typus eine langfristige innerhalb 45 Jahren rückzahlbare Anleihe repräsentierte. Beide Papiere sollten den Vorzug genießen, daß bei einer Konvertierung der Währung ihre Titres mit einem den Nominalbetrag um 10 % übersteigenden Betrage angenommen werden sollten, woraus geschlossen werden kann, daß schon damals an eine neue Währung nur im Zusammenhang mit einer Devalvierung gedacht wurde. Die Zeichner der langfristigen Anleihe konnten überdies 25 % der Zeichnung in österreichischen Kriegsanleihen leisten, insoweit der Besitz aus seinerzeitiger Originalzeichnung herrührte. Diese Begünstigung war natürlich an sich durchaus geeignet, den Erfolg der Zeichnung zu fördern, da Polen bis nun keine weiteren Anstalten gemacht hatte, die Kriegsanleihen seiner ehemals österreichischen Staatsangehörigen zu honorieren. Die Anleihe stand aber noch unter einem stärkeren Druck. Gleich bei Erlassung der einschlägigen gesetzlichen Bestimmungen wurde nämlich mitgeteilt, daß nur die Zeichnung der inneren Anleihe von der Verpflichtung zur Zeichnung der Zwangsanleihe befreien wird, die sofort nach Abschluß des Zeichnungs=

termins für die freiwillige Anleihe eingehoben werden sollte. Im Zusammenhang mit der Lombardfähigkeit der Anleihetitres bis zu 80 % kann man also wohl sagen, daß die Ausstattung der Anleihe einerseits, die angewendeten Druckmittel andererseits stark genug waren, um einen Erfolg herbeizuführen. Das Resultat war denn auch an sich nicht ungünstig, indem der Betrag der langfristigen Anleihe, der die Annahme der Kriegsanleihen zustatten kam, sich auf ca. 11 Milliarden polnische Mark und der Ertrag der kurzfristigen sich auf ca. 2 Milliarden polnische Mark stellte. (Der Ertrag verschwand rasch genug im Kriege gegen Rußland.) Allerdings währte die Zeichnungsfrist für diese Anleihe nahezu 14 Monate!

In dieser Zeit war auch eine 4 %ige Prämienanleihe al pari aufgelegt worden. Die Bestimmung, daß sofort, das heißt ab 20. Oktober 1920, allwöchentlich eine Ziehung stattzufinden habe, bei welcher je ein Treffer von 1 Million polnischer Mark zur Verfügung stand, wäre bei einer stabilen Valuta wohl geeignet gewesen, einen stärkeren Erfolg zu verbürgen, wobei allerdings nicht zu verhehlen ist, daß der Staat bei so hohen Treffern im Falle eines ungünstigen Ergebnisses der Anleihe sehr teures Geld erhalten hätte, wenn eben nicht das weitere Sinken der Valuta den Wert des Treffers erheblich herabgesetzt hätte. Auch die Begünstigung, daß bei einer Änderung der Valuta die in den Jahren 1940—1960 rückzahlbaren Titres eine 10 %ige Begünstigung erhalten, wurde den Zeichnern der Prämienanleihe gewährt. Das Ergebnis entspricht indes, offenbar wegen des zeitlichen Zusammenfallens mit der eben besprochenen Anleihe, nicht der Ausstattung und dürfte mit 2 Milliarden Mark eher zu hoch angenommen sein, während die Regierung mit einem Ertrag von 5 Milliarden gerechnet hat.

Endlich hat die Regierung auch eine Zwangsanleihe aufgelegt und zu deren Durchführung einen umfangreichen Apparat aufgeboten. Der Ertrag der Zwangsanleihe war mit 15 Millionen Mark maximiert, welcher Betrag sich nach dem Ergebnis der inneren Anleihe in einem bestimmten Maß zu reduzieren hatte. Hierbei waren jedoch die Beträge, die durch Zahlung in österreichischen Kriegsanleihen gelegentlich der inneren Anleihe eingegangen waren, nicht berücksichtigt. Die Zwangsanleihe stellt eine 3 %ige ewige Rente dar. Während die im ersten Zeichnungstermin gezeichneten Stücke bis zu 10 % unter dem Nominale ausgegeben werden konnten, stellte sich der Emissionskurs bei späteren Zeichnungen bis zu 10 % über dem Nominale, so daß auf die frühere Einzahlung eine 20 %ige Prämie gesetzt wurde. Zeichnungspflichtig war einerseits jede physische und juristische Person mit einem Vermögen von 100 000 polnischen Mark, andererseits mit einem aus einer Erwerbstätigkeit herrührenden Einkommen von mehr als 36 000 polnischen Mark. Die beiden Verpflichtungen liefen nebeneinander, wobei die Zeichnungsverpflichtung bei Erwerbseinkommen mit ca. 3 % begann und bei einem Jahreseinkommen von 1 Million polnischen Mark 35 % erreichte, bei einem Vermögen von 100 000 Mark 2 % betrug und bei einem 500 000 polnische Mark übersteigenden Vermögen bis auf 20 % erhöht war.

Es handelt sich also um eine sehr starke Belastung und um einen sehr kräftigen staatsfinanziellen Eingriff, der indes trotzdem eine dauernde Besserung der valutarischen Lage nicht gebracht hat, wenn auch die unmittelbare Wirkung der Michalskischen Finanzreform in einer vorübergehenden Steigerung des Kurses der Polenmark ihren Ausdruck fand.

Ein gänzlich neuer Anleihetypus wurde im Herbste 1922 aufgelegt; mit dieser Anleihe ist Polen zum erstenmal den Weg gegangen, der in Deutschland erst später beschritten wurde und der dem Zeichner eine wenigstens teilweise Garantie gegen Valutaentwertung bietet. Die sogenannte „Goldanleihe" vom Jahre 1922 ist 8 %ig in 5 Jahren rückzahlbar. Jede Obligation besteht aus zwei Abschnitten, von denen der eine auf eine ideale Goldwährung, nämlich auf polnische Gulden („Zloty"), der andere auf polnische Mark lautet. Kapital und Zinsen des „Zloty"-Abschnittes werden nach Wahl der Regierung in Dollars, Schweizer Franken oder polnische Mark nach dem Durchschnittskurse der vorgenannten Devisen an der Warschauer Börse im letzten Monat vor der Fälligkeit eingelöst. Ein starker Anreiz zur Zeichnung lag darin, daß der Emissionspreis trotz der Goldgarantie der Verzinsung und Kapitalsrückzahlung ständig unter der Goldparität gelegen war. Die Anleihe ist also ein Mittelding zwischen einer wertbeständigen Anleihe und einer reinen Papiermarkanleihe. Die Zeichnungsfrist wurde sehr lang ausgedehnt; während derselben wurde infolge ständigen Sinkens des Papiermarkkurses der Zeichnungspreis wiederholt, allerdings, wie oben erwähnt, nicht in dem Ausmaß der Entwertung erhöht. Selbstverständlich wurde hierbei auch darauf Bedacht genommen, daß der

Entwertungsfaktor nur auf die Hälfte einer jeden Obligation Anwendung finde.

Nach dem Gesetz ist die eben beschriebene Anleihe auf dem Goldschatz der Landesdarlehenskasse sichergestellt, was wohl als ein Unikum zu bezeichnen ist. Abgesehen von der Absonderlichkeit des Vorganges, einen Teil eines Aktivums des Noteninstitutes für eine Anleihe des Staates zu verpfänden, liegt in dieser Bestimmung der Verzicht auf eine Währungsregulierung vor Rückzahlung dieser Anleihe. Denn eine neue Währung könnte doch als Deckung des Goldschatzes kaum entraten, der aber für die Rückzahlung des Kapitalbetrages der Goldanleihe haftet! Vielleicht im Hinblick darauf hat sich die Regierung zur Rückzahlung der Anleihe schon nach 3 Jahren ermächtigen lassen. Der Absatz der Anleihe war nicht ungünstig, indes die Sanierungsanleihe κατ' ἐξοχήν war es nicht, was schon aus der Tatsache des weiteren Sinkens der Währung während der Zeichnungsfrist hervorgeht. Der Typus der wertbeständigen Anleihe wurde auch bei Befriedigung des kurzfristigen staatlichen Geldbedarfes aufrechterhalten; im Frühjahr 1923 wurden sechsmonatige Schatzscheine, ebenfalls auf „Zloty" lautend und nach der Goldparität rückzahlbar, emittiert und flott abgesetzt, und es scheint, daß hier wie in anderen Ländern mit labiler Valuta von nun ab der wertbeständige Typus zum unentbehrlichen Requisit der staatlichen Anleihepolitik zählen wird. Durch die Entwicklung der Währungsverhältnisse sind die nicht wertbeständigen Anleihen für den Staat zur kaum fühlbaren Belastung geworden (40 Milliarden Polenmark = 800 000 Goldmark), dagegen wird die auswärtige Verschuldung gegenwärtig auf ca. 300 Millionen Dollars geschätzt.

IX.

Die Notenpolitik Österreichs seit dem Zusammenbruche der alten Monarchie wird vielfach unter anderen Gesichtspunkten zu betrachten sein als die der übrigen Sukzessionsstaaten. Einerseits sind die technischen Voraussetzungen für eine aktive Betätigung auf diesem Gebiete vermöge des Vorhandenseins eines ausgezeichneten und wohlgeschulten Apparates im Gegensatz zu allen anderen Sukzessionsstaaten, deren Schwierigkeiten auf diesem Gebiete vielfach auf dem Mangel der technischen Voraussetzungen beruhten, durchaus gegeben, andererseits liegen die materiellen Voraussetzungen in Österreich vermöge der wirtschaftlichen Unzulänglichkeit dieses Staatsgebildes bedeutend ungünstiger. Während die anderen Sukzessionsstaaten, die nahezu sämtlich autarke Gebilde sind, und deren wirtschaftliche Lebensfähigkeit weder von ihnen selbst noch von außen ernstlich angezweifelt ist, wie das Beispiel der Tschechoslowakei zeigt, durch eine aktive Finanzpolitik, die auch eine aktive Betätigung auf dem Gebiete der Notenpolitik in sich birgt, vielfach den finanziellen Verfall aufzuhalten oder wenigstens in seinen Folgen zu mildern in der Lage wären, sind in Österreich lange Zeit alle weit ausgreifenden Finanzpläne angesichts der politischen und wirtschaftlichen Situation, in die der Friedensvertrag diesen Staat gebracht hat, zur Aussichtslosigkeit verurteilt gewesen. Als Beweis hierfür diene, daß Österreich die außerordentlichsten Versuche zur Erhöhung seiner Einnahmen gemacht und auch durchgeführt hat. Es hat auf dem Gebiete der direkten Steuern die höchsten Sätze eingeführt, welche schon an die Konfiskation aller aus der Erwerbstätigkeit fließenden Gewinne heranreichen, es hat eine Vermögensabgabe mit enormen Sätzen nicht nur eingeführt, sondern auch eingehoben, es hat durch eine nur den beweglichen und unbeweglichen Besitz treffende Zwangsanleihe auch das letzte einem Staate zur Verfügung stehende Mittel zur Sanierung anzuwenden versucht, es hat die indirekten Abgaben in einer Weise erhöht, die eine fürchterliche Belastung der breiten Massen der Bevölkerung bedeuten müßte — wenn nicht die jedem Sanierungsversuch spottende passive Zahlungsbilanz es mit sich gebracht hätte, daß in der vielfach unwahrscheinlich kurzen Zwischenzeit zwischen der Auferlegung und Durchführung einer Abgabe der Geldwert in so katastrophaler Weise gesunken ist, daß alle auferlegten Abgaben in entwertetem Gelde einflossen und so nur einen Bruchteil des Effektes erzielen konnten, der mit Recht erwartet werden durfte.

Bis Ende 1922 hat, wie bekannt, auf dem Boden Österreichs die Österreichisch-ungarische Bank in Liquidation auf einer allerdings juristisch etwas schlüpfrigen Grundlage die Gestion der Notenbank besorgt. Die teilweise Änderung der Rechtsgrundlage für die Notenausgabe mußte naturgemäß in dem Zeitpunkte eintreten, in welchem Österreich in Anlehnung an das Beispiel der anderen Sukzessionsstaaten eine Abstempelung der auf seinem Gebiete umlaufenden Banknoten der Österreichisch-ungarischen Bank durchgeführt hat. Während aber die anderen Nachfolgestaaten die umlaufenden Noten eingezogen und durch Staatsnoten ersetzt haben und teils staatliche Institute errichtet, teils private schon bestehende Institute mit der Regelung des Umlaufes der neuen Staatsnoten betraut haben (Jugoslawien), ist die Österreichisch-ungarische Bank in Österreich bis jetzt Trägerin des Notenbankprivilegs geblieben. Allerdings bedeutet die Abstempelung der alten Noten und die Verpflichtung zur Ausgabe von neuen, abgestempelten Noten eine Umänderung und — wenn man will — eine Verletzung des Privilegs der Österreichisch-ungarischen Bank, wogegen dieselbe seinerzeit protestierte. Aber die Bank hat sich dem durch Vollzugsanweisung des Staatsamtes für Finanzen vom 25. März 1919, St.G.Bl. Nr. 191 geschaffenen tatsächlichen Zustande durch Errichtung einer selbständigen österreichischen geschäftsführenden Abteilung angepaßt, die von der sonstigen Geschäftsführung des auf Grund der Bestimmungen des Friedensvertrages liquidierenden Institutes getrennt ist. Für die österreichische Geschäftsführung gilt also grundsätzlich das alte österreichisch-ungarische Bankstatut, soweit es nicht schon auf Grund der kaiserlichen Verordnung vom 4. August 1914, R.G.Bl. Nr. 198 und durch die eben zitierte Vollzugsanweisung vom 25. März 1919 Abänderungen erfahren hat. Von diesen Abänderungen ist die kaiserliche Verordnung vom 4. August 1914 übrigens in ihren Wirkungen, trotz der Harmlosigkeit der äußeren Aufmachung, die weitaus einschneidendere. Sie ermächtigt, wie bereits eingangs erwähnt, in ihren ersten und einzigen Paragraphen die Regierung, „außerordentliche Maßnahmen hinsichtlich der Geschäftsführung der Österreichisch-ungarischen Bank zu treffen". Diese Maßnahmen sind nie öffentlich bekanntgemacht worden, bezogen sich aber gewiß auf die Beseitigung der die Kreditgewährung an den Staat regelnden Normen des Art. 55 des Bankstatuts. Seit dieser Zeit ist die Inanspruchnahme der Notenbank durch den Staat für Zwecke staatlicher Geschäftsführung an keine gesetzliche oder vertragliche Einschränkung gebunden.

Die materiellen Wirkungen der Vollzugsanweisung vom 25. März 1919 sind geringer. Ihr juristischer Aufbau läßt darauf schließen, daß eigentlich eine neue Währung, deren Basis die deutsch-österreichisch gestempelte Krone ist, eingeführt worden ist, welche gegenüber der bisherigen alten österreichischen Kronenwährung die Relation von 1:1 festsetzte. (§ 4, leg. cit.) Indes kommt dem juristischen Charakter dieser Deklaration besonders angesichts der Tatsache, daß das alte Noteninstitut in § 7 mit der Weiterführung der Geschäfte als Emissionsinstitut betraut wurde, und daß weitergehende Vorschriften über die Deckung und die Notenausgabe auf Grund derselben nicht erlassen worden sind, wohl keine übermäßige Bedeutung zu. Auch der Charakter der Währung als reine Papierwährung hat sich seit diesem Zeitpunkte kaum geändert, da die alte österreichische Währung ihren einstigen Charakter als hinkende Goldwährung seit dem 4. August 1914 abgestreift hatte. Wichtiger ist schon, daß Österreich die Bestimmungen des Friedensvertrages (Art. 206) über die Einsammlung und Ablieferung der Noten an die Reparationskommission innerhalb sechs Monaten nach Inkrafttreten des Vertrages nicht nur nicht einhalten konnte, sondern daß der Umfang der eingezogenen Noten und die Höhe der dadurch bedingten Ansprüche an die Österreichisch-ungarische Bank erst im Frühjahre 1923 festgestellt wurde. Aber auch darin kann sich Österreich mit Recht auf seine besonderen Verhältnisse, die in der Verquickung des technischen Betriebes der alten Bank mit der jetzigen österreichischen Geschäftsführung liegen, berufen, wie denn auch die Reparationskommission auf Einhaltung der Frist weder von seiten Österreichs noch von seiten der anderen Nationalstaaten gedrungen hat. So hat die Österreichisch-ungarische Bank während eines Übergangszeitraumes ihre technische Funktion erfüllt. Mehr als die Betreuung der technischen Funktionen kann man ihr aber gewiß nicht nachsagen. Eine Initiative auf dem Gebiete der Devisenpolitik, die einst ihre vielgerühmte Stärke war, konnte ihr bei dem hoffnungslosen Stande der Dinge kaum zugemutet werden. Wenn aber während des Krieges ihre Gefügigkeit gegenüber der Regierung zweifellos eine Quelle großer Fehler war, da eine Erhöhung der Einnahmen des Staates und eine kritischere Gebarung bei den Kriegsausgaben damals, wenigstens vorübergehend, die Quelle des staatlichen Defizits hätte verstopfen können, so kann ihr heute daraus, daß sie nach dem Zusammenbruch nicht mehr Rückgrat gegenüber der Regierung zeigte, kaum ein Vorwurf gemacht werden. Die Regierung wäre fallweise leicht in der Lage gewesen, der Notenbank die Erschöpfung aller anderen Mittel zur Bestreitung der laufenden Ausgaben nachzuweisen und ihre Flucht zur Notenbank mit der Passivität der Zahlungsbilanz zu begründen. Die Parallelität mit den deutschen Verhältnissen springt in das Auge, wobei der Unterschied gegenüber Deutschland nur darin besteht, daß das Übel in Österreich primär in der ungünstigen Handelsbilanz zu suchen ist, während die Quelle der deutschen Währungsnot neben der allerdings auch ungünstigen Handelsbilanz in erster Linie in den unerschwinglichen Reparationsleistungen, also einer anderen Komponente der Zahlungsbilanz liegt. Hätte die Österreichisch-ungarische Bank sich nach dem Kriege als weniger gefügiges Werkzeug erwiesen, dann wäre der Regierung, nachdem sie den Steuerapparat bis auf das Äußerste angespannt hatte, einfach nichts übrig geblieben, als zu einem neuen Staatsnoteninstitut ihre Zuflucht zu nehmen. —

Unter diesen Umständen war eigentlich das Problem der Notenbankgründung, vor dem ja Österreich immerhin einmal stehen mußte, ziemlich in den Hintergrund getreten, wenn auch zeitweise neue und interessante Projekte auftauchten. So wurde von seiten der „Neuen Freien Presse" das Projekt einer Doppelwährung aufgegriffen und von hervorragender ausländischer Seite unterstützt. Der Kern dieses Gedankens lag darin, die ihres Wertes als Zahlungsmittel beraubte Krone im Inlande ihrem Schicksale zu überlassen, dagegen zur Durchführung des Verkehrs mit dem Auslande eine neue, ganz oder teilweise von auswärts fundierte Note zu schaffen, die dann allmählich die österreichischen Kronen aus dem Verkehr zu verdrängen hätte, gleichwie die Assignaten der französischen Revolutionszeit durch neues, besseres Geld sukzessive vollkommen aus dem Verkehr verdrängt wurden. Bei allem Interesse, das diesem Projekt entgegengebracht wurde, vermochte es jedoch nicht, die bis dahin vollkommen unbestrittene Ansicht zu ändern, daß das Notenbankproblem als technisches seine Lösung erst als letztes nach Sanierung der gesamten wirtschaftlich und finanziell schwierigen Lage finden könne. Diese Überzeugung wurde indes im Frühjahre 1922 überraschenderweise plötzlich von einer neuen österreichischen Regierung aufgegeben, welche die Gründung einer neuen Notenbank als Sanierungsmittel proklamierte; natürlich nicht als einzige Maßnahme, sondern im Zusammenhange mit einem Finanzplane, der die Aussicht eröffnete, nicht nur im Wege von Einnahmeerhöhungen, sondern auch durch forcierte Eintreibung der jeweils fälligen staatlichen Schuldigkeiten, endlich durch Auflegung einer großen staatlichen Zwangsanleihe in dem damals sehr bedeutenden Betrage von 400 Milliarden Kronen, die Sanierung der Staatswirtschaft wenigstens für einen gewissen Zeitpunkt, bis das Ausland nicht aus charitativem, sondern aus geschäftlichem Interesse im Wege von Krediten Kapital in Österreich zu investieren geneigt wäre, sicherzustellen.

Immerhin spielte in diesem staatlichen Sanierungsprojekt die

Notenbank eine weit größere Rolle, als sonst einer Notenbank jemals zugedacht war. Diese dem Außenstehenden kaum verständliche Tatsache erklärt sich offenbar aus den spezifisch inneröfterreichischen Verhältnissen. Die Regierung gedachte nämlich gelegentlich der Zeichnung des in ausländischer Währung aufzubringenden Aktienkapitales einen Teil des im Besitze des Landes befindlichen Devisenbesitzes zu erfassen. Von diesem Gesichtspunkte aus gesehen stellte sich die Errichtung der Notenbank eigentlich als eine Art valutarischer, innerer Anleihe dar, der immerhin bis zu einem gewissen Grade der Charakter einer Sanierungsmaßnahme an sich zukommen könnte. Insoweit ausländisches Kapital bei der Gründung der Notenbank nicht mitwirkte, sollte also die Einzahlung des Aktienkapitals in Schweizer Franken eine Umorientierung der schon bisher in der Wirtschaft verwendeten ausländischen Zahlungsmittel bewirken; denn man darf sich natürlich nicht vorstellen, daß die Devisenbestände der Banken, die für die Zeichnung der Zwangsanleihe in Anspruch genommen werden sollten, zur Gänze als verzinsliche oder unverzinsliche Einlagen bei fremden Banken liegen, vielmehr werden sie entweder der Kreditgewährung an das Inland dienstbar gemacht oder sind sonst werbend im Auslande angelegt und erfüllen eine um so wichtigere volkswirtschaftliche Funktion, als der inländische Kreditbedarf im Auslande dermalen der Vermittlung der Banken kaum entraten kann. Diese Gelder sollten nun in einen anderen Kanal geleitet werden, und die Regierung stand ebenso wie bei Akquisition einer Anleihe offenbar auf dem Standpunkte, daß der Verwendungszweck ausländischer Guthaben zur Deckung der umlaufenden Noten ein volkswirtschaftlich nützlicherer ist, und daß daher Maßnahmen, die auf Umstellung der Verwertung ausländischer Zahlungsmittel in diesem Sinne hinauslaufen, die Gesamtbilanz der Volkswirtschaft günstig zu beeinflussen in der Lage sind. Diesen Erwägungen wäre beizupflichten gewesen, insoweit durch die Zeichnung von Notenbankaktien „gehamsterter" und nicht produktiv angelegter Valuten- oder Devisenbesitz hervorgelockt wird. Ob aber nicht nach Entziehung von 100 Millionen Goldfranken der Mangel an Devisen einen Teil der Wirkungen des Sanierungsprogrammes wieder aufgehoben hätte, bleibe dahingestellt.

Das Projekt, das neben vielfacher Zustimmung im Inlande auch kritische Beurteilung im Auslande weckte, ist indes nicht in der ursprünglichen Form verwirklicht worden. Vielmehr ist der Plan zur

Errichtung einer Notenbank dem großen Sanierungsplane des Völkerbundes eingegliedert worden, der Österreich den großen Völkerbundskredit brachte, gleichzeitig aber auch die durch den Finanzkontrolleur des Völkerbundes überwachte Verpflichtung, sein Budget durch Erhöhung der Einnahmen und Beschränkung der Ausgaben innerhalb zweier Jahre zu sanieren. In diesem großen Konzept, dem Österreich buchstäblich die Rettung vor dem gänzlichen Zusammenbruche dankt, spielte die Errichtung einer Notenbank ebenfalls eine bedeutende Rolle. Nur hat sich die Konstruktion in einigen Punkten, und zwar insbesondere dort grundsätzlich verschoben, wo die Notenbank nach dem ursprünglichen Plane quasi als Staatsinstrument zur Sanierung bestimmt war. Das im Zuge der Sanierungsaktion erlassene und nunmehr unter Mitwirkung der ersten Autoritäten der Welt zustande gekommene Statut der Bank beschränkte daher richtigerweise das ursprünglich mit 100 Millionen Schweizer Franken in Aussicht genommene Kapital auf 30 Millionen Goldkronen, beseitigte ferner den Schweizer Franken als Rechnungseinheit für die Bank und ersetzte ihn durch die Goldkrone und beschnitt endlich den früher recht erheblichen Einfluß der Regierung und ihrer Organe auf ein Minimum, indem es andererseits auch die in Aussicht genommene Kapitals- und Dividendengarantie beseitigte.

Indes haben die vor Inangriffnahme des großen Sanierungswerkes geleisteten Vorarbeiten es ermöglicht, daß die neue Bank ihre Tätigkeit in kürzester Zeit aufnehmen konnte. Schon während der kurzen Zeit ihres Bestandes hat sich die neue „Österreichische Nationalbank" als treuer Hüter der durch die Sanierung erreichten Währungsstabilität erwiesen und in dieser ihrer Funktion allseitige Anerkennung geerntet.

Das Statut der Nationalbank, das als integrierender Bestand des Bundesgesetzes vom 14. November 1922 Gesetzeskraft hat, sichert der Bank das Notenprivilegium bis Ende 1942. Zwei Jahre vor Ablauf desselben kann um Erneuerung angesucht werden. Eine Weiterführung der Geschäfte auch nach Erlöschen des Notenprivilegiums, wie es bezüglich des Hypothekargeschäftes bei der Österreichisch-ungarischen Bank möglich war, ist nicht in Aussicht genommen. Das Aktienkapital beträgt 30 Millionen Goldkronen und war zur Hälfte sofort, zur Hälfte innerhalb 6 Monaten einzuzahlen. Die Aktien lauten auf 100 K Gold, können jedoch auch in Viertelaktien zerlegt werden — die Aktien der alten Notenbank lauteten auf 1400 K in Gold. Es ist, als wollte man die geringere finanzielle Kapazität derjenigen Kreise, die als Aktionäre der Notenbank erwünscht sind, schon in dieser Differenzierung sinnfällig machen. Die ursprünglich in Aussicht genommene Beteiligung des Staates am Kapital ist beseitigt, die Bank ist also eine Privatbank. Lediglich eine Reingewinnbeteiligung des Staates ist bei einer Dividende, die 8 % übersteigt, vorgesehen. Sie beträgt bei Dividenden zwischen 8 und 10 % zwei Drittel der Überschüsse von dem nach Dotierung von Pensionsfonds und Reservefonds und 8%iger Dividende verbleibenden Betrag. Eventuelle weitere Überschüsse fallen zu drei Vierteln dem Staate, zu einem Viertel den Aktionären zu.

Im übrigen lehnt sich das Statut vielfach an das bewährte Statut der Österreichisch-ungarischen Bank an, so insbesondere in den grundsätzlichen Bestimmungen über die Rechtspersönlichkeit der Gesellschaft, über die Rechte und Pflichten der Aktionäre, über die besonderen Privilegien der Bank im Exekutions- und Konkursverfahren und in den Bestimmungen über die Geschäftszweige der Gesellschaft mit einer einzigen noch zu besprechenden Ausnahme. Auch die Handhabung der Devisenpolitik ist in ihre Hand gegeben, und ebenso wie in dem Statut der Österreichisch-ungarischen Bank, ist der Privilegiumsverlust als Sanktion auf die Verletzung ihrer diesbezüglichen Pflichten gesetzt. Daß diese Sanktion praktisch wertlos ist, leuchtet ein, denn es wird nicht leicht sein, für unerwünschte Erscheinungen auf dem Devisenmarkte die Notenbank durch Verlust ihres Privilegiums zu bestrafen.

Als Vorstand der Gesellschaft fungiert der Generalrat, dessen 13 Mitglieder von der Generalversammlung gewählt werden. Unter den Gewählten muß sich jedoch je ein Vertreter der Banken, Sparkassen, der Industrie, des Handels, der Landwirtschaft und der Arbeiterschaft befinden.

Von den sonstigen Organen hat der frühere Gouverneur seinen Namen in „Präsident" und der frühere Generalsekretär in „Generaldirektor" gewechselt. Ihre Befugnisse gleichen aber durchaus denen der entsprechenden Funktionäre der Österreichisch-ungarischen Bank. Das Verhältnis der Bank zur Staatsverwaltung ist bei absolutem Verbot der Kreditgewährung an den Staat in einer äußerlich vollkommen befriedigenden Weise geregelt.

Die wichtigen Deckungsvorschriften (Art. 85) sind, im Hinblick auf die labile währungspolitische Lage zur Zeit der Erlassung des Statutes, elastischer, als dies sonst zulässig wäre. Während der ersten 5 Jahre der

Privilegiumsdauer beträgt die Mindestdeckung der Banknoten 20 %, während der folgenden 5 Jahre 24 %, während der weiteren 5 Jahre 28 %, und erst nach 15 Jahren wird die Dritteldeckung vorgeschrieben. Da eine gesetzliche Relation der Währungseinheit zum Edelmetall derzeit nicht besteht, sind für die Ermittelung des Deckungsverhältnisses zwischen Noten und Barschatz, in welchen auch wertstabile Valuten und Devisen einzurechnen sind, die Durchschnittskurse der Wiener Börse während des der Ermittelung vorangehenden Kalenderjahres maßgebend. Die Barzahlungen sind naturgemäß derzeit suspendiert. Voraussetzung für die Aufnahme derselben ist nach Art. 83 die Festsetzung einer neuen gesetzlichen Relation der Währungseinheit zum Metallgelde und die Herabsetzung der Schuld des Bundes an die Bank auf 30 Millionen Goldkronen. Erst bei Vorhandensein dieser beiden Voraussetzungen kann nach hergestelltem Einvernehmen zwischen Generalrat und Bundesregierung die gesetzgebende Körperschaft mit der Frage der Aufnahme der Barzahlungen befaßt werden.

Die Frage der Einrechnung des Lombards in die bankmäßige Deckung des Notenumlaufes hat zu Zweifeln Anlaß gegeben. Das Statut der Österreichisch-ungarischen Bank löst sie in positivem Sinne. Lombarddarlehen waren als „bankmäßige Deckung" in vollem Umfange anerkannt, nicht so in dem Statut anderer Notenbanken (Deutsche Reichsbank usw.). Von dem Gedanken ausgehend, daß Bankkredit nur zu wahrhaft produktiven Zwecken zur Verfügung stehen soll, anerkennen diese strengen Regulative nur solche Unterlagen als bankmäßige Deckung für die Neuschöpfung von Noten, die, aus einem bestimmten Stadium des Produktionsprozesses stammend, bei Beendigung des Prozesses sich in Geld umsetzen, das auf diese Weise wieder zur Notenbank zurückströmt. Nur die auf solcher Basis ausgegebenen Noten schaffen keine zusätzliche fiktive Kaufkraft. Diesen strengen Anforderungen entspricht zwar der Kommerzwechsel, nicht aber das Darlehen gegen Handpfand (Lombard), dessen Unterlage privatwirtschaftlich eine Sicherung gegen Verluste bildet, aber ökonomisch nicht mit Sicherheit dieselbe Funktion wie der Kommerzwechsel erfüllt.

Da aber bei Verfassung des Statuts die Zwangsanleihe vor der Tür stand und die Finanzierung derselben ohne Inanspruchnahme des Lombards kaum möglich erschien, kam hier eine Kompromißlösung ins Statut, wonach die Bank während der Dauer von fünf Jahren, längstens jedoch bis zur Aufnahme der Barzahlungen, auch den Lombard in die Notendeckung einrechnen darf (Art. 86). Nach Ablauf dieser Frist wird dem Finanzminister die Möglichkeit der Ausschaltung des Lombards aus der Notendeckung offen gelassen. Überdies ist der Lombardzinssatz auf das $1^1/_2$fache des Eskontsatzes zu erhöhen, wenn die Höhe des Lombards den Umfang des Eskompteportefeuilles überschreitet. In allen Fällen bleibt jedoch die Lombardierung von Aktien ausgeschlossen.

Die staatliche Einflußnahme der Bank ist auf das gehörige Minimum eingeschränkt. Die einschlägigen Bestimmungen des Bankstatuts (Art. 50 und 51) decken sich inhaltlich so ziemlich mit Art. 55 des alten Bankstatuts. Das Verbot der Inanspruchnahme der Notenbank durch den Staat hat überdies eine kräftige Stütze dadurch erhalten, daß der Bank gegen allfällige staatliche, damit in Widerspruch stehende Eingriffe die Beschwerde an den Verfassungsgerichtshof zusteht, der unter Umständen innerhalb 24 Stunden aufschiebende Wirkung zuzuerkennen ist. Die Bank gerät in die Banknotensteuer, wenn der Notenumlauf zuzüglich der sofort fälligen Verbindlichkeiten jedoch vermindert und die Darlehensschuld des Bundes die aus dem Deckungsverhältnis sich ergebende Höchstgrenze übersteigt, bzw. wenn nach Aufnahme der Barzahlungen das Deckungsverhältnis unter 40 % gesunken ist.

Die Steuer beträgt 1 bzw. bei weiterer Verschlechterung des Deckungsverhältnisses $1^1/_2$ % über dem jeweiligen Eskontzinssatz. Die Notensteuer wirkt also in hohem Maße prohibitiv.

Es erübrigt sich lediglich, dem Ende der Österreichisch-ungarischen Bank einige Worte zu widmen. Ihr Schicksal war im Wesen durch die Genehmigung des Hauptprotokolles vom 14. März 1922 durch die Nationalstaaten besiegelt. In demselben waren Vereinbarungen über die Aufteilung der Aktiven und Passiven zustande gekommen, wobei in der Frage der Aufteilung des Goldschatzes, in der Frage der Liquidierung von Entschädigungen für sequestrierte Forderungen der Bank und auch in wesentlichen anderen Belangen Österreich und Ungarn schwer benachteiligt worden sind. Den Aktionären verblieben „aus Billigkeitsgründen" die Notendruckerei samt Vorräten, das Wiener Bankpalais und die außerhalb Wiens gelegenen Filialen. Obwohl in den Kreisen der Aktionäre vielfach für den Weiterbetrieb des Hypothekargeschäftes Stimmung gemacht wurde, welcher auch nach Ablauf des Notenprivilegiums möglich blieb, wurde doch schließlich von der Hauptversammlung jenem Antrage der neuen Österreichischen Nationalbank die Zustimmung erteilt, welcher den Aktionären für je vier Aktien

Tabelle V.
Ausweis der Österreichisch-ungarischen Bank, österreichische Geschäftsführung.

	Stand am			
	31. August 1920	31. August 1921	31. August 1922	31. August 1923[1])
		in Kronen		
Aktiva:				
Goldmünzen b. Kronenwährung, dann Gold in Barren, in ausländischen und Handelsmünzen, das Kilo fein zu K 3278 gerechnet	51 262,57	67 979,07	44 651,59	—
Goldwechsel auf auswärtige Plätze und ausländische Noten	15 360 404,41	5 809 780,98	751 468,41	—
Silberkurant und Teilmünzen	—	4 734,80	21 344,65	—
Summe des Metallschatzes:	15 411 666,98	5 882 494,85	817 464,95	—
Ausländische Guthaben franz. Fr. 20 000 000 gesperrt zugunsten der künftigen österreichischen Nationalbank	—	—	116 000 000 000,—	—
Kassenscheine b. Kriegsdarlehenskasse	—	293 808 000,—	174 116 750,—	—
Eskomptierte Wechsel, Warrants u. Effekten	13 895 868 167,01	1 256 762 577,96	531 102 969 916,01	—
Darlehen gegen Handpfand	518 410 300,—	414 809 200,—	1 350 576 700,—	—
Effekten	323 365,70	675 429,45	1 277 994,83	—
Österr. Staatsschatzscheine	1 550 449 586,36	56 646 975 000,—	685 602 777 000,—	—
Österr.-ungar. Bank Liquidationsmassa Übertrag von 1920	7 959 197 000,97	7 684 063 481,13	7 727 594 556,45	—
Andere Aktiva	1 131 997 369,87	3 934 543 944,35	203 127 509 610,42	—
Summe der Aktiva:	25 071 657 456,89	70 237 520 127,74	1 545 087 639 992,66	—
Passiva:				
Banknotenumlauf	20 050 280 965,—	58 533 765 679,—	1 353 403 631 630,—	—
Sicht-Kassenscheine	—	—	4 457 000,—	—
Giroguthaben und sonstige sofort fällige Verbindlichkeiten	4 447 994 915,—	8 074 083 098,60	116 011 371 528,10	—
Guthaben der Österr.-ungar. Bank Liquidationsmasse	—	1 021 803 039,41	564 979 269,99	—
Sonstige Passiva	573 381 576,78	2 607 868 310,73	75 103 182 564,57	—
Summe der Passiva:	25 071 657 456,89	70 237 520 127,74	1 545 087 639 992,66	—

[1]) Siehe Österreichische Nationalbank (Tabelle VI).

der Österreichisch-ungarischen Bank eine Aktie der Nationalbank oder Barzahlung eines Betrages von 365 000 österreichischen Kronen gegen Übergabe der der Bank im Sinne des Hauptprotokolles verbliebenen Aktiven anbot. Durch dieses Angebot ist zwar nur ein bescheidener Teil des Unrechtes gutgemacht worden, das in St. Germain verübt worden ist; immerhin ist den Aktionären, die bei wörtlicher Durchführung des Friedensvertrages niemals irgendeinen Wert für die in ihren Händen befindlichen Aktien erhalten hätten, wenigstens eine Art Anerkennungszins geleistet worden, und es kann wenigstens Österreich den Ruhm für sich in Anspruch nehmen, an der Beraubung der Interessenten der Österreichisch-ungarischen Bank nicht teilgenommen zu haben. Selbstverständlich hat mit dem Zeitpunkt der Konstituierung der Nationalbank die geschäftliche Tätigkeit der Österreichisch-ungarischen Bank auch in Österreich ihr Ende gefunden.

Tabelle VI.
Ausweis der österreichischen Nationalbank.

	Stand am 31. August 1923 in Kronen	
Aktiva:		
Barschatz:		
Gold gemünzt und ungemünzt (Goldkronen 5 718 482,08)	73 390 999 000	
Nach Art. 85 der Satzungen einrechenbare Valuten (Goldkronen 237 656 611,85) . .	3 050 084 956 900	3 123 475 955 500
Eskontierte Wechsel, Warrants und Effekten .		647 188 427 200
Darlehen gegen Handpfand		747 263 200
Darlehensschuld des Bundes		2 538 718 937 100
Gebäude samt Einrichtung		38 359 383 400
Andere Aktiva		1 734 844 969 000
		8 083 334 935 400
Passiva:		
Aktienkapital (Goldkronen 30 000 000)		385 020 000 000
Banknotenumlauf		5 894 785 367 300
Verbindlichkeiten aus dem Giroverkehr und andere sofort fällige Verpflichtungen		413 383 400 000
Sonstige Passiva		1 390 145 168 100
		8 083 334 935 400

Die staatliche Kreditpolitik Österreichs bot bis zum Einsetzen der Völkerbundaktion ein getreues Abbild des zunehmenden finanziellen Verfalls des Staates. Unmittelbar nach dem Umsturz war

Österreich trotz der politisch gewiß nicht beneidenswerten Lage noch imstande, eine Anleihe aufzunehmen, die, ohne daß ihre Ausstattung besonderen Anreiz zu bieten geeignet gewesen wäre, immerhin ein ganz befriedigendes Resultat ergab. In der Zeit vom 2. bis 18. Dezember 1918 gelangten 4%ige ab 1. November 1920 kündbare Schatzscheine zur Subskription. Der vierte Teil des gezeichneten Betrages konnte in Titres der österreichischen Kriegsanleihe gezeichnet werden, wobei der Annahmewert der Kriegsanleihe, deren Kurs damals begreiflicherweise stark fallende Tendenz hatte, relativ günstig (zwischen 92 und 97,80) bemessen wurde. Im Falle der Barzeichnung der Schatzscheine betrug der Subskriptionspreis 97%, im Falle der Verwendung von Kriegsanleihen 99% und war in beiden Fällen zur Hälfte sofort bei der Anmeldung, zur Hälfte am 15. Januar 1919 zu bezahlen. Die Anleihe erbrachte die Summe von 573 Millionen Kronen. Wenn man berücksichtigt, daß die ungefähr gleichzeitig aufgelegte tschechoslowakische Freiheitsanleihe während einer viel längeren Subskriptionsfrist ungefähr mit 1000 Millionen gezeichnet wurde, so wird das Ergebnis der ersten deutsch-österreichischen Staatsanleihe angesichts der Verschiedenheiten in der Bevölkerungsziffer in beiden Ländern und angesichts der bei weitem weniger günstigen wirtschaftlichen und politischen Konstellation in Österreich immerhin als beachtenswert bezeichnet werden können. Die Gestaltung der politischen und wirtschaftlichen Lage verbot indes weitere Anleiheversuche von selbst. Die Entente sah sich vielmehr gezwungen, Österreich in den nächsten Perioden durch laufende Lebensmittelkredite über Wasser zu halten. Hierbei tat sich besonders Amerika durch die im Zuge der Hooverschen Aktion gewährten Kredite hervor. Als Sicherheit für diese Kredite wurde der österreichische im Lande erliegende Besitz an ausländischen Wertpapieren herangezogen. Wiederholt wurde mittlerweile die Möglichkeit einer großen „inneren Anleihe" als Sanierungsmaßnahme ventiliert, aber die zunehmend ungünstige Gestaltung der Wirtschaftsbilanz schreckte jeden Finanzminister davon ab, den wenig aussichtsvollen Versuch zu unternehmen, zumal durch die Bestimmungen des Friedensvertrages das wirtschaftliche Elend Österreichs geradezu verewigt erschien. So ist denn auch die zweite österreichische Innenanleihe nicht als großzügiger staatlicher Sanierungsversuch zu werten; die in der Zeit vom 26. Februar bis 24. März 1920 zur Zeichnung aufgelegte „4%ige Losanleihe vom Jahre 1920" verfolgte vielmehr den Zweck der Konsolidierung der Kriegsanleiheschuld. Die Titres der Losanleihe sind mit 4% verzinslich und in der Zeit von 1920 bis 1980 mit ziemlich bedeutenden Treffern verlosbar. Die eine Hälfte des gezeichneten Betrages mußte zwangsläufig in Titres der II. oder IV. bis VIII. Kriegsanleihe erlegt werden, während für die zweite Hälfte Barzahlung oder Hingabe von erster Kriegsanleihe, deren Fälligkeit vor der Tür stand, vorgeschrieben wurde. Es handelt sich, wie aus der Ausstattung ohne weiteres ersichtlich, um eine reine Konsolidierungsanleihe, deren Erträgnis — 1200 Millionen Kronen — nur in bescheidenstem Maße zur Steuerung der Kreditnot des Staates zu dienen bestimmt war. Den Anhängern des Projektes der inneren Anleihe als staatliches Sanierungsprogramm machte die Regierung in der Folgezeit dadurch eine Konzession, daß sie fortlaufend, ohne Begrenzung des Anleihebetrages nach oben, 6%ige Schatzscheine emittierte, die seitens des Erwerbers sofort jeweils viermonatlich, seitens des Staates frühestens nach vier Jahren kündbar sind. Dieser Typus, für den überdies eine fortlaufende zweckmäßige Werbung erfolgte, hat sich als durchaus praktisch und handlich erwiesen. Der Absatz dieser Schatzscheine betrug im Jahre 1921 zirka 10 Millionen Kronen. Das Papier hat durchaus den Bedarf des Publikums nach vorübergehender kurzfristiger Anlage von Geld in Staatspapieren befriedigt.

Daneben ist in diesem Zusammenhange lediglich noch die Zwangsanleihe zu streifen, die allerdings großzügig konzipiert war, und deren präliminiertes Erträgnis im Falle eines Gelingens der Sanierungsaktion der Regierung den ungedeckten Notenumlauf von damals 400 Milliarden zu absorbieren bestimmt war. Die Zwangsanleihe wurde rein auf den Besitz gelegt und sollte einerseits Grund- und Gebäudebesitz, andererseits Gewerbe-, Handels-, Industrie- und Finanzkapital treffen. Der Gebäudebesitz wurde, je nachdem es sich um Vorkriegsbesitz oder nach dem 31. Dezember 1916 bzw. 31. Dezember 1918 erworbenen Besitz handelte, mit dem 420=, 500= und 1000fachen der für das Jahr 1922 bemessenen Gebäudesteuer, der Grundbesitz mit dem 100= bzw. 150fachen Betrage der Grundsteuer, private Erwerbsunternehmungen mit dem 400fachen Betrage der Erwerbssteuer und Aktiengesellschaften mit 7% des Kurswertes der gesamten Aktien am 30. Juni 1922 (Kurswert = Kurs der Aktien an der Wiener Börse mal Anzahl der Aktien) getroffen. Die Zwangsanleihe bildete den einen, die Notenbank den anderen Eckpfeiler dieses Sanierungs=

programmes. Es ist allerdings nicht zu verkennen, daß die strenge Durchführung der Zwangsanleihe, die in ganz kurzfristigen Terminen zwischen 15. September 1922 bis Mitte Januar 1923 einzuzahlen war, ganz außerordentliche wirtschaftliche Schwierigkeiten im Gefolge gehabt hätte, insbesondere, da die Lombardierung der Zwangsanleihe seitens der Notenbanken zuerst ausgeschlossen werden sollte. Schon der erste Einzahlungstermin hat sich nicht ohne Reibungen vollzogen, trotzdem in der Zwischenzeit jener katastrophale neuerliche Kronensturz eingetreten ist, und überdies die Notenbank sich zu einer Milderung der Lombardierungsvorschriften bereit gefunden hat. Die Verhältnisse haben es mit sich gebracht, daß heute niemand in Österreich in der Zwangsanleihe, deren Titres sich als 6 %ige ewige Rente präsentieren, mehr als eine Vermögensabgabe in neuer Auflage sieht!

Man könnte angesichts dieses unzweifelhaft mageren Ergebnisses der staatlichen Anleihepolitik — wenn man von der Zwangsanleihe absieht — immerhin finden, daß Österreich auf diesem Gebiete ein aktiveres Verhalten hätte betätigen sollen. Man darf aber nicht übersehen, daß in Österreich lange Zeit die wichtigsten Voraussetzungen für das Gelingen einer inneren Anleihe gefehlt haben. Zeichnung einer Staatsanleihe ist ein Vertrauensbeweis der Bürger dieses Staates. Dieses Vertrauen kann entweder auf rein praktischen Erwägungen begründet sein. Wenn der Staat politisch und wirtschaftlich konsolidiert ist, seine Einnahmen und Ausgaben stabil sind oder Aussicht haben, es in absehbarer Zeit zu werden, und speziell wenn günstige wirtschaftliche Zukunftsaussichten die Steuerkraft des Staates sicherstellen, werden rein vernunftgemäße Erwägungen dem Kapital die Anleihe als verlockend erscheinen lassen, oder es können ideale Gründe, Erreichung eines politischen Zweckes usw., dem Ergebnis einer Anleihe förderlich sein. Dieser Fall wäre bei den nichtösterreichischen Sukzessionsstaaten vorauszusetzen gewesen, die nach dem Weltkriege als politische und national-einheitliche Gebilde entstanden sind, und von denen man hätte annehmen sollen, daß ihr nationaler Enthusiasmus sich wenigstens teilweise auch auf finanziellem Gebiet betätigen wird. Beide Voraussetzungen fehlen aber in Österreich. Österreich, das sich selbst nur zu genau kennt, weiß, daß es in der Gegenwart eine passive Wirtschaftsbilanz hat, und daß daher die wirtschaftliche Zukunft des Landes und damit auch die Zukunft seiner Anleihen davon abhängt, ob auswärtige Hilfe den schwachen Körper so lange zu stützen in der Lage ist, bis sich Konturen einer wirtschaftlichen Erneuerung zeigen. Österreich hat aber auch im eigenen Staate keine nationalen und politischen Ideale zu erfüllen. Diese weisen ihn in ganz andere Richtung, und darum können auch ethische Momente beim Erfolg einer Anleihe nicht ins Gewicht fallen.

Diese Erwägungen machen es erklärlich, daß das Alpha und Omega der österreichischen Finanzpolitik die Suche nach ausländischen Kreditquellen war. Mag dem Außenstehenden, speziell den in geordneten staatlichen Verhältnissen Lebenden auch die Form dieser dauernden Kreditversuche unverständlich sein, sie hat ihre tiefe Begründung in den besonderen Verhältnissen dieses besonderen, zum staatlichen Eigenleben verurteilten Landes.

Der große Sanierungsplan des Völkerbundes hat die Richtigkeit dieser Mentalität in vollem Umfange anerkannt. Denn in seinem Mittelpunkte steht die große Anleihe, die zur Tilgung des Defizites in der Übergangszeit, das ist bis zur endgültigen Ausbalancierung des Budgets, bestimmt ist und mit dem für Österreich immerhin beachtenswerten Betrage von 560 Millionen Goldkronen festgesetzt wurde. Dieser Sanierungsplan ist von höchster Bedeutung nicht nur für Österreich; die von allen kreditwürdigen Staaten der Welt garantierte und tranchenweise in denselben auch zur Zeichnung aufgelegte Anleihe ist zu einem Typus geworden, der bei der Sanierung kreditbedürftiger Staaten sicher auch weiterhin maßgebend sein wird. Indes war begreiflicherweise die Technik ihres Aufbaues so kompliziert, daß der auf sofortige Geldeingänge angewiesene Staat sich mittlerweile andere provisorische Einnahmequellen erschließen mußte. Solche lagen teilweise in bereits zugesagten, aber noch nicht flüssig gemachten Vorschüssen fremder Staaten (Italien, Tschechoslowakei), teilweise in den Ergebnissen der im Inlande aufgelegten „Goldanleihe 1922". Die Fortschritte des Sanierungswerkes hatten nämlich das Vertrauen des Inlandes soweit wiederkehren lassen, daß die allerdings günstig ausgestattete Schatzscheinanleihe in der Höhe von sechs Millionen Dollar glatte Aufnahme im Inlande fand. Dieselbe war mit 8% verzinslich, in sechs Monaten, am 1. Juni 1923 rückzahlbar und auf Zoll- und Tabakeinnahmen sichergestellt. Ihre Rückzahlung konnte aus den Ergebnissen der Völkerbundanleihe erfolgen. Es handelte sich hier um eine durchaus wertbeständige kurzfristige Anleihe, die nicht nur gegen Kursverlust gesichert war (Rückzahlung in Dollars), sondern in der dem Zeichner zustehenden Wahl der Rückzahlung entweder in Dollars oder in Kursen überdies eine Kurschance bot. Weitgehende Steuer- und Gebührenbegünstigung, Amnestie für die Erwerbung von Devisen, deren Vorhandensein bei der Zeichnung auf die Anleihe herauskam, und endlich ein Vorbezugsrecht auf die Aktien der Nationalbank rechtfertigten in Verbindung mit der angemessenen Verzinsung die Aufgabe der Anleihe al pari. Dieses letzterwähnte Vorbezugsrecht auf Nationalbankaktien war in sinnreicher Weise mit dem zweiten Fälligkeitstermin für die Einzahlung auf die Nationalbankaktien gebracht, der bekanntlich sechs Monate vom Tage der Konstituierung lief und, da die Zeichnungsfristen auf Nationalbankaktien und Goldanleihe beiläufig zusammenfielen, die Nationalbank zunächst in des Besitz eines Teiles der Schatzscheine setzte, die sie sodann zur Vervollständigung ihres Aktienkapitals am 1. Juni 1923 in vollwertigen Devisen einlöste. Der Erfolg dieser immerhin bemerkenswerten Kreditoperation war dem Gelingen des großen Sanierungswerkes gewiß förderlich, und im Frühjahr 1923 waren die schwierigen Verhandlungen über Aufbringung und Garantie der Anleihe für Österreich im Grunde beendet. Die Anleihe umfaßte einen Betrag von 650 Millionen Kronen in Gold und ist zu 100% durch die Garantie Englands, Frankreichs, der Tschechoslowakei, Italiens, Belgiens, Schwedens, Dänemarks, Spaniens und der Schweiz gedeckt. Die Garantie ist in der Weise erfolgt, daß die garantierenden Staaten Titres in entsprechender Höhe, mit Kupons versehen, bei der als Treuhänderin fungierenden Schweizer Nationalbank erlegten, und daß, im Falle die Kupons oder das Kapital notleidend werden sollte, die Treuhänderin den Garantiestaaten die ihrer Garantiequote entsprechende Anzahl von Kupons oder Titres zur Zahlung zu präsentieren hat. Die gesamte Anleihe ist überdies auf dem österreichischen Zoll- und Tabakgefälle sichergestellt, welche Einnahmen schon im Zeitpunkte der Ausgabe der Anleihe das Erfordernis für den Zinsendienst überstiegen haben und seither noch bedeutend vermehrt wurden. Da die nun teilweise auf diesen Einnahmen forcierten Anleihen aus dem Ergebnisse der Völkerbundanleihen zur Rückzahlung gelangten, und zwar die Vorschüsse Englands, Frankreichs, der Tschechoslowakei, Italiens, und die innerösterreichischen Goldanleihen des Jahres 1922 und die Eingänge aus Zoll und Tabakgefälle einem besonderen vom Generalkommissar kontrollierten Konto gutgebucht werden, erscheint das Risiko der garantierenden Staaten tatsächlich als kein allzu großes. Als besonderes für den Erfolg der Anleihen bezeichnendes Novum kann der Anteil der Vereinigten Staaten von Nordamerika gewertet werden, die sich zwar nicht an der Garantie beteiligten, wo aber ein Betrag von 5 400 000 £ schlankweg placiert, ja sogar überzeichnet wurde. Die Ausstattung der einzelnen Tranchen der Anleihe war in den verschiedenen Ländern, in denen sie zur Ausgabe gelangte, je nach dem dort üblichen Zinsfuße im Zinsfuß und Emissionskurs verschieden, doch im allgemeinen so günstig, daß das Placement glatt erfolgen konnte. Der Erfolg war so groß, daß die österreichische Regierung von oppositioneller Seite sogar Vorwürfen wegen zu reichlicher Ausstattung der Anleihe ausgesetzt war. In Österreich selbst gelangten 13 Millionen Dollar in der Zeit vom 1. bis 30. Juni zur Ausgabe. Der Zinsfuß betrug 7 %, der Emissionskurs 93 %, bei der zugelassenen Konversion der Goldschatzscheine vom Jahre 1922 nur 91 %. Die Anleihe ist in 20 Jahren verlosbar. Die Einzahlungen konnten entweder in österreichischen Kronen zum Kurse von 70 800 Kronen für den Dollar oder in Dollars bzw. sonstigen stabilen Valuten zum amtlichen Umrechnungskurse erfolgen. Die bei der 8 %igen Goldanleihe gewährte Valutaprämie konnte angesichts der langen Laufzeit der Anleihe natürlich nicht gewährt werden; vielmehr erfolgt die Rückzahlung in effektiven Dollars. Vorzeitiger Rückkauf ist erst ab 1. Juni 1934 zulässig.

Trotzdem der in Österreich übliche Zinsfuß (Eskomptezinsfuß derzeit 9 %) die Ausstattung weniger verlockend erscheinen ließ als in anderen Ländern, in denen der Zinssatz ausnahmslos niedriger ist, wurde auch die österreichische Tranche gut placiert.

Die Völkerbundaktion, in deren Mittelpunkt die eben besprochene Anleihe steht, war in ihren Auswirkungen auf das gesamte Wirtschaftsleben Österreichs so bedeutend, daß man vom Zeitpunkt der Unterzeichnung des Genfer Protokolls an geradezu den Beginn einer neuen Epoche zählen kann, die hoffentlich auch nach Konsumierung der Kredite Österreich ein wenn auch bescheidenes Dasein ermöglichen wird.

X.

Ungarn hat unter den Sukzessionsstaaten am längsten an der Notenbankgemeinschaft mit Österreich festgehalten. In dieser Tatsache spiegelt sich in bemerkenswerter Weise die Wandlung, die sich in den staatsrechtlichen Verhältnissen zwischen den jetzigen neuen Staaten gegenüber der Zeit vor dem Kriege vollzogen hat. Ungarn hat seit dem Jahre 1867 bekanntlich in einer staatsrechtlich ziemlich losen Gemeinschaft mit Österreich gelebt und strebte intensiv seinem staatsrechtlichen Ideal, einer Personalunion mit Österreich, zu. Die Rechtsverhältnisse zwischen den beiden Staatsgebieten wurden von zehn zu zehn Jahren durch sogenannte Ausgleichsgesetze festgelegt, und Ungarn betrachtete es in jedem Dezennium als einen großen Erfolg, wenn es ihm glückte, den oder jenen Stein aus dem Gebäude der gemeinsamen staatlichen Einrichtungen herauszubrechen. Einen wesentlichen Bestandteil dieser alle zehn Jahre zu regelnden gemeinsamen Angelegenheiten bildete das Münz- und Geldwesen und damit die Währungseinheit mit Österreich, ein ständiges Streit- und Kompensationsobjekt die fallweise Verlängerung des Notenprivilegs der Österreichisch-ungarischen Bank. Indes wurde dasselbe in wiederholten Vereinbarungen, von denen die letzte aus dem Jahre 1911 datierte, bis Ende 1917 verlängert. Da im Weltkriege die Zeit für die Vorbereitung neuer grundlegender Vereinbarungen fehlte und naturgemäß die endgültige Struktur des Staates nach Kriegsende von niemandem vorausgesehen werden konnte, kam im Jahre 1917 eine provisorische Vereinbarung zustande, wonach das Notenprivileg der Österreichisch-ungarischen Bank zunächst in beiderseitigem Einvernehmen bis Ende 1919 prolongiert wurde. Schon damals konnte festgestellt werden, daß der Widerstand Ungarns gegen die Aufrechterhaltung der Währungsgemeinschaft und des gemeinsamen Noteninstituts erheblich geringer geworden war, weil Ungarn aus dem Kriege doch die Lehre gezogen hatte, welche Vorteile für alle letzten Endes das gemeinsame Währungsgebiet brachte, und als nach Kriegsende die anderen Sukzessionsstaaten mehr oder minder intensive Vorbereitungen zur Errichtung eigener Währungsgebiete trafen, blieb Ungarn als einziges Land lange Zeit hindurch der Währungsgemeinschaft treu und ging an die Errichtung eines eigenen Noteninstitutes erst in dem Zeitpunkte heran, als die Liquidation der Österreichisch-ungarischen Bank durch den Friedensvertrag bedungen war. Die ersten notenbankpolitischen Maßnahmen Ungarns waren also keineswegs von staatlichen oder finanziellen Selbständigkeitsbestrebungen diktiert, vielmehr kettete die durch den Kriegsausgang geschaffene Lage Ungarn fester an Österreich.

Ungarn hatte vor dem Zusammenbruch der Mittelmächte bei der Österreichisch-ungarischen Bank noch eine Anleihe von 1400 Millionen

Kronen aufgenommen und legte in den letzten Wochen des Jahres 1918 großes Gewicht darauf, die auf diese Anleihe noch nicht flüssig gemachten Beträge ausgezahlt zu erhalten. Dies gelang ihm auch, trotzdem die neuen Staaten, mit Ausnahme Österreichs, im Hinblick auf die geänderten staatlichen Verhältnisse gegen die Liquidierung dieser Beträge Einspruch erhoben. Mit dieser Anleihe gelang es ihm, in der ersten Zeit sein finanzielles Dasein zu fristen. Schwieriger wurde die Sache, als in Ungarn die Räteregierung etabliert wurde, welcher die Österreichisch-ungarische Bank begreiflicherweise Kredite einzuräumen sich lebhaft weigerte. Da die Noten der Österreichisch-ungarischen Bank von seiten der Bevölkerung „gehamstert" wurden und bis zu einem bedenklichen Grade aus dem Verkehr verschwanden, sah sich die Räteregierung bald vor eine beängstigende Geldklemme gestellt, aus der sie sich zunächst damit behalf, daß sie die ungarische Postsparkassa zwang, kleine Noten auszugeben, für deren Deckung das Gesamtvermögen der Postsparkassa haften sollte. Das geschah alles mit erstaunlicher und nur in einer bolschewistischen Ära möglichen Primitivität der Mittel. Nicht als ob es sich bei diesem Akt um eine neue Geldschöpfungsquelle gehandelt hätte, sondern um die einfachste Sache der Welt. Es gab keine komplizierten Vertragsklauseln, keine Bindung der Postsparkassa an gewisse Normen, keine Fragen, wie weit der Staat Einfluß zu nehmen hat, wie weit die Postsparkassa in Ausübung dieses ihr neuen Rechtes zu gehen berechtigt war. Der Postsparkassa wurde lediglich die Verpflichtung auferlegt, für die von ihr ausgegebenen Noten solche der Österreichisch-ungarischen Bank als Deckung zu hinterlegen. Vermöge der bolschewistischen Mentalität sah man in dem neuen, wie in dem alten Gelde nur ein sehr wenig belangreiches Mittel zur Bewältigung des Tauschverkehrs, den man ohnehin bis ins kleinste Detail zu reglementieren versuchte. In einer ihrer außerordentlich zahlreichen Deklarationen erklärte dann die Räteregierung das Privilegium der Österreichisch-ungarischen Bank für erloschen. An die Stelle der Österreichisch-ungarischen Bank sollte die Postsparkassa treten. Das „blaue" Geld, das sind die Noten der Österreichisch-ungarischen Bank, sollten eingezogen werden und das „weiße" Geld, das Postsparkassengeld alleiniges gesetzliches Zahlungsmittel sein. Auch jetzt wurden keinerlei Vorbereitungen getroffen, um das neue Noteninstitut in die Lage zu versetzen, seine Aufgabe zu erfüllen, wie denn überhaupt diese ganze Maßnahme keinen eigentlichen notenbankpolitischen Zweck verfolgte, sondern nur dazu dienen sollte, die Räteregierung in den Besitz möglichst großer Mengen von Noten der Österreichisch=ungarischen Bank zu bringen, weil sie solche immerhin noch einen Zahlungswert besitzende Noten zur Bewältigung ihres sehr kostspieligen Propagandadienstes benötigte.

Eine der ersten Maßnahmen der nach dem Sturze der Räteregierung gebildeten neuen Regierung war denn auch die Außerkraftsetzung dieser wenig durchdachten Maßnahme und die Wiedereinsetzung der Österreichisch=ungarischen Bank in ihre Rechte. Immerhin hatte aber die neue Regierung mit den durch die Räteregierung hervorgerufenen schwierigen Verhältnissen längere Zeit zu kämpfen, und es bestand lange Zeit hindurch im Lande zweierlei oder eigentlich dreierlei Geld. Neben den Noten der Österreichisch=ungarischen Bank und dem Postsparkassagelde gab es nämlich noch von der Räteregierung ausgegebene Noten zu 1, 2, 25 und 200 Kronen, welche von der Räteregierung ohne jede Fundierung in der Budapester Druckerei der Österreichisch=ungarischen Bank hergestellt und in Verkehr gesetzt worden waren, die die ungarische Regierung mit Recht als Falsifikate bezeichnete, und bezüglich deren sie die Österreichisch=ungarische Bank von jeder Verpflichtung zur Einlösung loszählen mußte. Diese Noten wurden durch eine Verordnung vom 15. August 1919 auf ein Fünftel ihres Nennwertes devalviert und von der ungarischen Regierung aus Billigkeitsgründen zu diesem Kurse eingelöst. Da nämlich diese Noten in ihrer äußeren Ausstattung durchaus den von der Österreichisch=ungarischen Bank ausgegebenen Noten glichen und nur an der Verschiedenheit der Serienbezeichnung kenntlich waren, glaubte die Regierung die Besitzer dieser Noten doch wenigstens bis zu einem bescheidenen Grade gegen die Folgen des von der Räteregierung verübten Unfuges schützen zu sollen. Das Postsparkassageld blieb noch durch längere Zeit im Verkehr — im ganzen wurden doch für ca. 1200 Millionen Kronen Postsparkassanoten ausgegeben —, und seine Einziehung erfolgte erst im Sommer des Jahres 1921. — Zwischen dem Postsparkassageld und den Noten der Österreichisch=ungarischen Bank bildete sich eine stellenweise bis zu 15 % gehende Spannung heraus. Mit der zunehmenden Konsolidierung schwand aber doch endlich das Disagio der Postsparkassageldzeichen.

Erst im Jahre 1921 begann sich Ungarn mit der durch die zwangsweise verfügte Liquidation der Österreichisch=ungarischen Bank geschaffenen Lage auseinanderzusetzen. Die Gründung des ungarischen Staats=

noteninstitutes fügte sich in den Rahmen des mit dem Namen des ungarischen Finanzministers Hegedüs verknüpften Reformplanes ein. Dem Beispiele der Tschechoslowakei und Polens folgend, wählte Ungarn das System des staatlichen Emissionsinstitutes. Im großen und ganzen sind die Bestimmungen für die Geschäftsführung des staatlichen Noteninstitutes, wie sie in dem Gesetzesartikel 14 ex 1921 niedergelegt sind, dem Statut der Österreichisch-ungarischen Bank nachgebildet, soweit Änderungen nicht durch den staatlichen Charakter des Institutes bedingt sind. Insbesondere hat der Gesetzesartikel 14 ex 1921 die Bestimmungen des Statutes der Österreichisch-ungarischen Bank über das Verbot der Kreditgewährung an den Staat in vollem Umfange rezipiert. Nach § 19 ist das Noteninstitut nur berechtigt, für den Staat Kronen-Emissionsgeschäfte zu besorgen. Die Saldi, die sich hieraus zu Lasten des Staates ergeben, sind jeweils nach Monatsende abzurechnen. Andere Geschäfte darf das Institut nur insoweit mit dem Staate tätigen, als mit diesem keine Kreditgewährung an den Staat verbunden ist. (Siehe Art. 55 des Statutes der Österreichisch-ungarischen Bank.) § 2 begrenzt weiterhin in ziemlich strenger Weise den gesamten Notenumlauf dahin, daß die Notenausgabe nur zulässig sei: 1. zur Einlösung der Noten der Österreichisch-ungarischen Bank, des Postsparkassageldes und der von der Räteregierung ausgegebenen noch im Umlauf befindlichen 1- und 2-Kronen-Noten; 2. auf Grund von Deckungen, die dem Institut auf Grund seiner statutarischen Geschäfte zufließen. Überdies wird die Notensumme, die lediglich bankmäßig gedeckt ist, mit 2 Milliarden maximiert. Allerdings wird die zeitweise Erhöhung dieser starren Grenze durch die Regierung für zulässig erklärt. Hinsichtlich des Umfanges seiner Geschäftsführung verweist der Gesetzesartikel 14 das Noteninstitut direkt auf den achten Abschnitt des Statutes der Österreichisch-ungarischen Bank und nimmt nur das Hypothekargeschäft, dessen Pflege der Österreichisch-ungarischen Bank gestattet war, aus. Die sonstigen Bestimmungen dieses übrigens recht dürftigen Gesetzes über die Organisation der Verwaltung — das Amt eines Generalrates ist nicht, wie das eines solchen bei der Österreichisch-ungarischen Bank, Ehrenamt, sondern gibt Ansprüche auf eine vom Finanzminister festzusetzende Tantième, was gewiß nicht zweckmäßig zu nennen ist —, über die privatrechtlichen Privilegien des Institutes hinsichtlich der vorzugsweisen Befriedigung seiner Forderungen usw. geben keinen Anlaß zu besonders kritischen Betrachtungen. Wichtig

Tabelle VII.

Ausweis des ungarischen staatlichen Noteninstituts.

	Stand am			
	31. August 1920[1])	31. August 1921	31. August 1922	31. August 1923
	in ungarischen Kronen			
Aktiva:				
Metallschatz:				
Goldmünzen der Kronenwährung, dann Gold in Barren, in ausländischen und Handels-Goldmünzen, das Kilogramm fein zu 3278 K gerechnet, Wechsel auf auswärtige Plätze und ausländische Noten	—	4 421 436,—	12 867 778,13	22 283 571,51
Silber- und Teilmünzen	—	599 345,—	596 687,11	594 473,29
Zusammen:	—	5 020 781,—	13 464 465,24	22 877 990,80
Banknoten der Österreichisch-ungarischen Bank	—	16 301 866 034,—	18 191 516 383,—	18 392 217 041,60
Postsparkassennoten	—	842 740 475,—	1 364 255 118,40	1 380 715 629,60
Banknotennachahmungen zu 1 und 2 K	—	3 200 502,—	16 538 511,20	189 920,—
Eskomptierte Wechsel, Warrants und Effekten	5 063 266 108,—	651 052 364,—	18 044 742 129,02	253 831 794 332,—
Darlehen gegen Handpfand	127 049 100,—	1 199 343 600,—	1 772 751 600,—	17 888 821 300,—
Vorschuß an die Staatskasse	—	—	7 600 000 000,—	143 000 000 000,—
Effekten	260 333,—	2 904 527,—	1 049 033,78	668 004,14
Andere Aktiva	19 278 846,03	1 416 337 745,—	8 336 043 530,46	32 654 298 552,—
Summe der Aktiva:	5 209 854 387,03	20 422 466 087,—	55 340 360 771,10	451 071 582 751,14
Passiva:				
Reservefond	—	—	—	200 000 000,—
Staatsnotenumlauf	—	17 326 018 614,—	46 242 206 258,—	399 486 871 055,—
Kassenscheinumlauf	—	—	537 000 000,—	115 500 000,—
Giroguthaben und sonstige sofort fällige Verbindlichkeiten	2 365 821 217,05	2 975 115 884,—	5 416 557 455,73	23 628 852 868,40
Übertrag Österr.-ungar. Bank	2 633 870 824,94	—	—	—
Sonstige Passiva	210 162 345,04	121 331 589,—	3 144 597 057,37	27 640 358 827,74
Summe der Passiva:	5 209 854 387,03	20 422 466 087,—	55 340 360 771,10	451 071 582 751,14

*) Die Ziffern per 31. August 1920 geben den Stand der Österreichisch-ungarischen Bank **ungarische Geschäftsführung** wieder.

ist, zu bemerken, daß sich das Noteninstitut tatsächlich eine Zeitlang der Ausgabe unbedeckter Noten enthalten konnte, daß aber, nachdem erst die bedeutenden Eingänge aus der staatlichen Vermögensabgabe (Vermögensablösung) ausgegeben waren, wiederum der abschüssige Weg der Kreditgewährung an den Staat unter ausdrücklicher oder stillschweigender Umgangnahme von den Bestimmungen des Gesetzesartikels 14 betreten werden mußte. So ernst auch Ungarns und seines Finanzministers Hegedüs Versuche zur Stillegung der Notenpresse gewertet werden müssen, so scheiterten sie doch daran, daß die wirtschaftliche und politische Konsolidierung des Landes noch nicht weit genug vorgeschritten war. Demgemäß war die Regierung immer wieder gezwungen, sich von dem Landesfinanzsenat Ermächtigungen zur weiteren Notenausgabe auf Grund von Schatzwechseln des Staates zu holen. Immerhin hat das staatliche Noteninstitut jedenfalls größtenteils auf Grund der heilsamen Wirkungen, die von den Hegedüsschen Versuchen ausgegangen sind, als Geldbeschaffungsquelle für des Land nicht jene unheimliche Rolle gespielt, die das österreichische Noteninstitut zu übernehmen gezwungen war. Die nebenstehende Tabelle läßt dies deutlich erkennen.

Dagegen ist das Ergebnis der auf Beschaffung von sonstigen Anleihen gerichteten Bemühungen der ungarischen Regierung ziemlich mager. Man spürt kaum einen Funken jenes erfinderischen Geistes, mit dem die tschechoslowakische Regierung immer neue Formen fand, um aus den vorhandenen oder vermuteten Reserven des inländischen Geldmarktes Quellen für die Deckung staatlicher Ausgaben zu erschließen; insbesondere fällt es auf, daß in dem Zeitpunkte, in dem das Scheitern der auf endgültige Stillegung der Notenpresse gerichteten Pläne des Finanzminister Hegedüs ziemlich feststand, keinerlei Versuche gemacht wurden, um auf anderem Wege als durch die bloße Vermögensabgabe durch kreditpolitische Maßnahmen wenigstens teilweise zum Ziele zu gelangen. Offenbar haben hier politische Erwägungen, die hier außer Betracht bleiben müssen, den wirtschaftlich notwendigen Maßnahmen den Weg verlegt.

Als eine der ganz wenigen Anleiheversuche der ungarischen Regierung ist die Zurückbehaltung von 50 % der zur Abstempelung gelangten Banknoten zu werten. Während ursprünglich im Sinne der Vdg. Z. 1700/20 die 25 000 Kronen übersteigenden diesbezüglichen Beträge als 4 %ige Zwangsanleihe in Anspruch genommen worden waren, wurde die zurückbehaltene Notensumme auf Grund der Hegedüsschen Reform in eine unverzinsliche, innerhalb 60 Jahren rückzahlbare Prämienanleihe verwandelt. Man kann also diese, auf breitere Basis gestellte innere Anleihe keineswegs als besonders glücklich konzipiert ansehen, und es ist gewiß, daß diese höchst überflüssige, weil in ihrem finanziellen Effekt kaum ins Gewicht fallende zwangsweise Konvertierung weiterer Anleihewerbungen die ungarische Regierung nicht gerade begünstigt hat. Auch die Behandlung der ungarischen Vorkriegsschulden im Zuge der gedachten Finanzreform wäre nicht glücklich. Hegedüs gedachte die Vermögensabgabe von Rentenbesitzern in der Weise einzuheben, daß er zwangsweise einen großen Teil der Staatsanleihen auf 3 % konvertierte. Allerdings ist er später von diesem Gedanken abgekommen und hat statt dessen die Abgabe von 15 % der Renten in natura gesetzt. Immerhin zeigen solche Versuche wenig Einblick in die Notwendigkeiten einer stabilen staatlichen Kreditpolitik.

Ansonsten hat sich die ungarische Regierung mit der Aufnahme von Krediten bei den heimischen Bankinstituten, die fallweise zurückgezahlt und dann wieder prolongiert bzw. renoviert wurden, beholfen. Es bilden daher die ungarischen Banken neben der Notenbank das eigentliche Reservoir, aus dem Ungarn bis dato seine Anleihebedürfnisse befriedigt. Bemerkenswert ist, daß Ungarn sich an das Ausland bisher nicht in bedeutendem Maße verschuldete. In jüngster Zeit haben intensive Bemühungen Ungarns eingesetzt, um einen ausgiebigen ausländischen Kredit nach dem bewährten Muster des österreichischen Völkerbundkredites zu erhalten. Ungarn stößt jedoch hierbei aus politischen Gründen auf gewisse Schwierigkeiten.

Printed by Libri Plureos GmbH
in Hamburg, Germany